자유와 헌법의 원리 I

|자유의 원리|

김학은 지음

연세대학교 대학출판문화원

자유와 헌법의 원리 I - 자유의 원리

저 자 김학은

발 행 연세대학교 대학출판문화원

주 소 서울특별시 서대문구 연세로 50

전 화 02)2123-3380~2

팩 스 02)2123-8673

http://www.yonsei.ac.kr/press

e-mail ysup@yonsei.ac.kr

등 록 1955년 10월 13일 제9-60호

인 쇄 (주)동국문화

2020년 8월 28일 1판 1쇄

ISBN 978-89-6850-425-9 (94300)

ISBN 978-89-6850-424-2 (세트)

값 12,000원

이 도서의 국립중앙도서관 출판예정도서목록(CIP)은 서지정보유통지원시스템 홈페이지(http://seoji.nl.go.kr)와 국가자료종합목록 구축시스템(http://kolis-net.nl.go.kr)에서 이용하실 수 있습니다. (CIP제어번호 : CIP2020031281)

奉呈 박이인 장로

머리글

1. 로크는 명예혁명 정리기에 『시민정부론 1689』를 썼고 루소는 프랑스혁명 여명기에 『사회계약론 1762』를 출판하였다. 이들의 영향을 받은 제퍼슨이 영국과 독립전쟁 중에 『미국독립선언문 1776』을, 매디슨이 『미국연방헌법 1789』를 썼다. 이 문헌들은 다른 문헌들과 함께 지난 2백년 이상 세계 질서 형성에 결정적 영향을 끼쳤다.

21세기 들어서 세계질서의 큰 변화를 보인다. 국가 사이의 다툼의 근본적인 원인은 개인의 자유를 둘러싼 헌법의 상이함에 있다. 나는 과거를 돌아보고 미래를 대비하는 뜻에서 이 책의 집필에 착수하였다. 『자유와 헌법의 원리』는 모두 4권이다. 이 책은 그 가운데 I권으로 자유의 원리이다. 속편인 II권은 민주의 원리이고 III권은 헌법의 원리이다. 마지막의 IV권은 원리의 실천이다.

2. 이 책은 일차적으로 "나는 자유로운 개인이다."라는 명제를 자

명한 진리로 받아들이는 사람들을 대상으로 썼다. 이 명제에는 자유와 개인의 두 개념이 있다. 이 책은 이 두 개념을 형식화한 〈자유의 공리〉와 〈개인의 공리〉에서 논의를 시작한다.

3. 헌법의 내용은 원리와 준칙이다. 이 책은 준칙에 관한 해설서가 아니다. 이 책이 탐구한 헌법의 원리는 이 책이 제시하는 자유의 원리에 대한 〈공리 1〉과 〈공리 2〉에 기초한 기하학적 논리이다. 이 두 가지 공리에만 의존하는 논리전개가 자유와 헌법의 결정성, 일관성, (불)완전성 탐구에 수미일관한다는 점에서 자유와 헌법에 관해 기존 기록에 의존하는 문헌과 다르다. 법률의 전거는 헌법이다. 헌법의 전거는 무엇인가?

4. 로크는 의사였고 루소는 정규교육을 제대로 받지 못한 독학자였다. 제퍼슨과 매디슨은 법률가였다. 나는 경제학자이다. 경제학자가 헌법을 말하는 것을 받아드리기 어렵다는 점을 알고 있지만 옛날 얘기이다. 미국의 거의 모든 경제학과와 법학과에는 법경제학 전공교수가 한 명 이상 있고 미국 연방대법원 판사 가운데 한 명이 법경제학 전공자이다. 법경제학 분야에서만 4명 이상의 노벨경제학상 수상자가 배출되었다. 모두 경제학자이다. 법경제학에서 한 단계 더 진화한 헌법경제학까지 알려면 경제학 훈련은 필수이다.[1]

5. 법학은 시대변천과 함께 주변학문의 영향을 받아왔다. 초법학 meta-jurisprudence은 법학을 법 밖에서 바라보는 법철학의 진화형태이다.

20세기 최대 지적혁명 가운데 하나가 초학문의 발견이다. 그 가운데 초수학meta-mathematics는 앞으로 헌법의 원리에 큰 영향력을 발휘할 것으로 확신한다. 초수학 분야의 문을 연 괴델 교수의 〈불완전성 정리 1931〉, 사회적 선택이론을 개척한 애로우 교수의 〈불가능성 정리 1950〉와 센 교수의 〈불가능성 정리 1970〉, 법경제학에 획기적 업적을 남긴 코우스 교수의 〈코우스 정리 1960〉, 헌법경제학의 선구자 부케난 교수의 〈자치의 모순 1991〉의 영향력은 날로 커져가고 있다. 여기에 더하여 헌법의 존재성, 유일성, 안정성은 수학의 부동점 정리fixed point theorem에 영향을 받고 있다. 그것은 곧바로 국가의 존재성, 유일성, 안정성에 직결되는 문제이다.

6. 초학문과 법경제학과 헌법경제학이 법학에 영향을 주고 있음은 선진국의 대세이다. 현재 한국에는 이 모두를 가르치는 교육기관이 없는 것으로 알고 있다. 독자들은 이 책에서 만나게 될 것이다.

7. 〈괴델 불완전성정리〉가 〈애로우 불가능성정리〉에 미친 영향의 실마리를 찾기 위해 탐구하던 중 의외로 얻은 영감이 『이상의 시와 괴델의 수 2014』의 출판을 낳았다. 이 밖에 본래의 탐구가 지연된 것은 지병 때문이었다. 나의 재활을 돌보아주는 박창일 세계재활의학학회 전 회장이 곁에 있는 것은 개인적으로 다행이다. 앞이 어두운 나의 구술을 일부 받아 적은 이유경 박사 덕택에 이 책이 완성되었음을 기쁘게 생각한다. 출판사정이 어려운 때 이 책의 내용을 호의적으로 평가하여 출판을 담당한 연세대학교 대학출판문화원에 사의를 표

한다. 김성수 선생의 도움으로 편집의 완성도가 높여졌음을 기록으로 남긴다.

2020년 02월 COVID-19 피난 중
연세대학교 상경대학 대우관 319호
김학은 적음

차례

제 1 장

자유의 법칙

시초의 법칙

1. 자유인은 아는가, 숱한 박해 속에서도 생명력을 잃지 않는 자유의 뿌리를? 또한 온갖 고초 속에서도 한계를 모르는 그 창조력이 피운 자유의 꽃을 본 적이 있는가? 이 질문은 그 단순함에 비해 대답이 쉽지 않다. 그 대답은 의외성에 있다. 경험세계의 모든 존재와 사건은 인과율에 지배를 받는다. 유한에서 시작한 그 세계의 인과관계를 추적하여 소급하면 인과가 사라지는 경계에 달한다. 특이점singularity이다. 그곳은 원인이 결과이고 결과가 원인이 되는 시작점이다. 어떠한 원인 없이 스스로 시작하는 능력의 소유자 그것이 자유이다. 자유는 스스로 시초이다. 자유는 인과의 법칙이 아니라 시초의 법칙을 따른다.

2. 자유는 의지의 기원이고 의지가 이성의 입법을 집행한다. 자유는 이성이 증명할 수 없지만 이성이 자신의 존재를 추론할 수 있는 자기법칙을 갖는 이념이며 가치이다. 이성이 자유의 법칙은 증명할 수

있으나 자유 그 자체를 증명할 수 없다는 추론은 두 가지 경우를 생각할 수 있다.

첫째, 자유가 존재한다고 가정하면 자유는 의지를 비롯한 모든 것의 시초가 되는데 그 모든 것에는 자유 자신도 포함되므로 [자유는 자유의 시초]가 된다. 곧 자유는 어떠한 것에도 기원을 두지 않는 스스로 시초의 존재자primordial being이다.[2] 이 문장에서 자유의 역할은 두 가지이다. 주어와 목적어이다. 구문형식 상 주어 자유는 목적어 자유의 시초이지만 목적어 자유가 주어 자유의 시초가 될 수 없는 것이 일반적이다. 주어 자유와 목적어 자유의 위치를 바꾸면 [자유는 자유의 시초 아님]이 된다. 마치 나는 스승의 제자이지만 스승은 나의 제자가 아님과 같다. 스승은 원인이고 제자는 결과이다. 이에 대해 자유는 자유의 원인이며 결과이다. 문장 [자유는 자유의 시초] 속에는 주어 자유의 [자유는 자유의 시초]와 목적어 자유의 [자유는 자유의 시초 아님]이 혼재한 [자유는 자유의 시초 = 자유는 자유의 시초 + 자유는 자유의 시초 아님]의 중첩형식이다.

둘째, 자유가 존재하지 않는다고 가정하면 자유는 존재하는 것 존재하지 않는 모든 것의 시초가 될 수 없다. 존재하지 않는 것에 자유 자신도 포함되므로 [자유는 자유의 시초 아님]이다. 자유는 자유의 원인도 아니고 결과도 아니다. 이 문장에서도 역시 주어 자유와 목적어 자유의 이중역할을 모두 감안하면 [자유는 자유의 시초 아님 = 자유는 자유의 시초 아님 + 자유는 자유의 시초 아님의 아님 = 자유는 자유의 시초 아님 + 자유는 자유의 시초]의 중첩형식이 성립한다.

3. 첫째 경우의 [자유는 자유의 시초]를 본원primal문장이라 하면 둘째 경우의 [자유는 자유의 시초 아님]은 쌍대dual문장이다. 분리형으로 보면 각각은 서로 모순이다. 그러나 일체형 구조에서 보면 본원문장과 쌍대문장 공히 긍정과 부정의 중첩형식이므로 [자유는 자유의 시초 = 자유는 자유의 시초 + 자유는 자유의 시초 아님 = 자유는 자유의 시초 아님]의 혼합형이 성립한다. 여기서 [자유는 자유의 시초]의 구조는 외부와 단절된 자폐적 자기완결 자기조회 또는 자기언급self-reference의 독립된 형식이다. 언급보다 조회의 의미가 강하다. [자유는 자유의 시초]의 영문표현도 사정은 마찬가지이다.[3] [자유는 자유의 시초]의 중첩형식은 이성으로 긍정 또는 부정 어느 쪽으로도 증명되지 못하는 일체형이므로 자명한 공리로 선택될 수 있다.

공리 1: 자유는 자유의 시초[4]. H = H(B).

이것이 〈자유의 공리〉이다. 공리 자체는 증명할 수 없지만 [자유는 자유의 시초]는 세 가지 파생 증명을 요구한다. 첫째, [자유는 자유의 시초]의 긍정과 부정의 중첩형식이 무모순임이 증명되어야 한다. 둘째, [자유는 자유의 시초]가 자유의 자기법칙이 되려면 자유가 자연의 법칙 곧 경험세계의 인과법칙의 제약에서 벗어난 무제약자임이 증명되어야 한다. 셋째, [자유는 자유의 시초]가 자명한 공리로 공인되기 위해서는 긍정 또는 부정의 중첩형식 가운데 어느 형식으로도 증명되지 않는 증명불가능이 증명되어야 한다. 증명불가능의 증명[!]

일체형

1. 〈공리 1〉의 자유는 중첩형식의 긍정과 부정이 혼재하는 야누스의 얼굴이다. 로마신화의 야누스는 부모가 없는 시초의 신primordial deity이며 그 의미는 시작과 마지막이다. 곧 [야누스는 야누스의 시초]는 자폐적 자기완결 자기조회이며 [야누스 = 시초 + 마지막 = 시초 + 시초 아님]은 긍정과 부정의 중첩형식이다. 예수가 사도 요한에게 말한 [나는 알파와 오메가요, 처음과 마지막이요, 시작과 마침이라]도 마찬가지이다.[5] 이 문장에서 연결 조사 '과'는 덧셈기호이므로 [나 = 시작 + 마침]은 [나는 시작]과 [나는 마침]의 혼합이다. 두 문장이 따로 분리된 채 서로 모순이 아니 되려면 [나는 나 = 나는 시작 = 나는 마침 = 나는 시작 + 나는 마침 = 나는 시작 + 나는 시작 아님]의 긍정과 부정의 중첩형식으로 무모순성의 일체형이 되어야 한다. 중첩형식에 속하는 [자유는 자유의 시초 = 자유는 자유의 시초 + 자유는 자유의 시초 아님]의 일체형은 무모순이다. 일체형 자유의 예로써, 말할 수 있는 자유는 자신에게 불리한 경우 말하지 않을 자유까지 포함한다. 곧 [표현의 자유 = 표현의 자유 + 표현의 자유 아님 = 표현의 자유 + 침묵의 자유]도 무모순의 중첩형식이다. 그러나 자폐적 자기완결 형식체계는 그 내부에서 그 스스로 무모순성을 증명할 길은 없다.

2. 경험세계에는 이것이냐 저것이냐의 분리형뿐만 아니라 이것과 저것의 일체형이 실재함이 밝혀졌다. 양자역학은 [광자 = 파동 + 입자 = 파입 = 파동 + 파동 아님 = 입자 + 입자 아님]의 일체형이 일으키는 중

첩superposition의 무모순성을 일체형의 파입wavicle이 아니고서는 설명하지 못하고 있다. 운동은 속도와 위치의 현상이다. 곧 [운동 = 속도 + 위치 = 속도 + 속도 아님 = 위치 + 위치 아님]도 무모순의 중첩현상이다. 그러나 이 무모순성은 속도를 알면 위치를 모르고 위치를 알면 속도를 모르는 하이젠버그 불확정성의 현상이다. 속도는 시간이고 위치는 공간이다. 아인슈타인의 [시공 = 시간 + 공간]의 중첩도 무모순성의 예에 속한다. "과학자들은 … 시간이 다만 또 하나의 공간이라는 것을 안다."[6] 모두 상보성 원리complementarity principle로 설명한다.[7]

3. 앞서 예수가 말한 무모순 일체형의 등호 양변에 소유격 '나의'를 삽입한 [나는 나의 나 = 나는 나의 시작 = 나는 나의 마침 = 나는 나의 시작 + 나는 나의 마침]도 무모순 일체형의 중첩형식이다. 여기서 나(예수)를 자유로 대체한 [자유는 자유의 시초 = 자유는 자유의 시초 + 자유는 자유의 마침 = 자유는 자유의 시초 + 자유는 자유의 시초가 아님] 역시 무모순 일체형의 중첩형식이다. 신(예수)과 자유는 공히 최초이다. 따라서 무모순의 [신은 신의 시초]이듯이 무모순의 [자유는 자유의 시초]를 자명한 〈공리 1〉로 제시한 추가적 이유이다.

변수변환

1. 자유의 자기변환self-transformation은 수학의 변수변환에 해당한다. [나는 나]이거나 [나는 나의 증인]만으로 법정에서 나의 존재가 증명되

지 않는다. [나는 나의 증인 = 나는 나의 증인 + 나는 나의 증인 아님]이기 때문이다. [나는 나]의 증명불가능이 증명되려면 변수변환이 필요하다. [나는 나]에서 [나는 아무개]를 거쳐 [나는 남성] 등 나의 안의 숨은 변수를 하나씩 나의 밖으로 끌어내어 변수변환 되어야 하듯이, [자유는 자유의 시초]의 증명불가능이 증명되려면 자유의 다양한 형식을 이끌어내기 위한 변수변환이 준비되어야 한다. 자유의 변수변환은 안에서 밖으로 끌어내야할 숨은 변수hidden variable 찾기이다.

2. [자유는 자유의 시초]의 두 번째 자유에 첫 번째 자유를 대입한 [자유는 [자유의 시초]의 시초]에서 괄호 속의 괄호를 의지라고 정의한다면 [자유는 의지의 시초]와 [의지는 자유의 시초]로 분할된다. 전자는 서두의 문장 "자유는 의지의 기원"과 일치하지만 후자는 일치하지 않으므로 〈공리 1〉의 문장만으로는 분할에 의한 자유의 다양한 형식을 이끌어내기 어렵다. 숨은 변수 변환의 필요가 요구된다.

3. 예수가 나는 알파요 오메가라 했을 때 신자들이 알파가 창조의 날이고 오메가가 심판의 날이라고 믿듯이 〈공리 1〉의 [자유는 자유의 시초 = 자유는 자유의 시초 + 자유는 자유의 시초 아님]에서 두 번째 항 자유의 시초 아님은 자유의 종말일 수 있다. 자유가 때때로 위협당하거나 압살당하는 역사적 사건이 바로 〈공리 1〉의 야누스 때문이라고 해석하면 숨은 변수의 변환이 필요한 또 하나의 이유이다.

4. 앞서 본원문장 [자유는 자유의 시초 = 자유는 자유의 시초 + 자

유는 자유의 시초 아님]과 쌍대문장 [자유는 자유의 시초 아님 = 자유는 자유의 시초 아님 + 자유는 자유의 시초]의 동등성을 논증하였다. 자유의 시초 아님에 대하여 둘을 하나로 합치면 [자유는 자유의 시초 = 자유는 자유의 시초 + 자유는 자유의 시초 아님 + 자유는 자유의 시초]가 된다. 곧 자유는 [자유의 시초 → 자유의 시초 아님 → 자유의 시초]의 제자리로 복귀하는 원 모양의 자기순환을 따르며 자연의 직선 모양의 인과법칙의 제약에서 벗어난 무제약자가 된다. 양자역학의 상보성 원리의 핵심도 인과성의 포기이다. 계속해서 자유의 시초 아님에 대하여 대입하면 [자유의 시초 = 자유의 시초 + 자유의 시초 + … ∞]이다. 자유의 자기법칙은 자연의 인과가 없는 자기발생의 법칙이다.[8] 이런 측면에서 자유의 자기발생이 자유의 시초법칙이다. 자유의 자발적 원형 시초법칙은 자연의 선형 인과법칙과 다르다.[9]

5. 무제약 자유가 자유인 이상 야누스의 면모를 그대로 간직하는 것은 피할 수 없다. [무제약 자유 = 무제약 자유 + 무제약 자유 아님 = 무제약 자유 + 제약 자유 = 제약의 자유]의 일체형이다. 자유가 자연의 인과법칙을 따르지 않고 스스로의 자발적 법칙을 따르는 것은 무제약 자유가 스스로 제어할 수 있는 무제약 자유, 곧 제약의 자유까지 품고 있기 때문이다.

정의 1: 자유 = 제약된 자유 + 무제약 자유[10]

제약은 인과이다. 따라서 〈정의 1〉은 [자유 = 인과의 자유 + 인과의 자유 아님 = 인과의 자유 + 자발적 자유]와 동등하다. 표현의 자유가 표현하지 않을 자유까지 포함하는 [표현의 자유 = 표현의 자유 + 표현하지 않을 자유]에서 후자가 침묵의 자유라면 [표현의 자유 = 표현의 자유 + 침묵의 자유 = 표현하지 않을 자유]의 일체형과 동일한 이치이다.

6. 이제 무모순과 무제약의 증명에 이어서 증명불가능의 증명만이 남았다. 지금까지 사용한 일상의 의미표현 보다 기호표현의 증명이 차후 변수변환에 유용하다. 〈공리 1〉의 기호표현 H = H(B)는 함수라기보다 공리에서 파생되는 각종 보조정리와 정의를 유도하는데 유용한 기호로 번역된 구문형식이다. 자유 → H, 는 → =, 자유 → H, 의 → (), 시초 → B라고 읽는다. 소유격 조사 '의'를 의미하는 괄호기호 대신 아포스트로피기호를 사용하여도 상관없다.[11] 도형이나 수 따위와는 아무 상관없는 자유처럼 추상적인 개념일지라도 그것이 일정한 형식만 갖추고 있으면 그 형식의 의미어를 형식어로 바꾸어 추상수학의 형식처럼 다루어질 수 있으므로 아래에서 보는 대로 자유의 법칙체계를 세우는데 유용하다. 이 방법은 자유에 관해 문헌에 의존하는 기존의 탐구방법과 다르다. 세 가지 규칙이 구문형식을 이룬다.

첫째, 논리체계의 기호를 정하는 규칙이다. 〈공리 1〉의 기호 H와 B가 그 시작이다. 둘째, 이 기호들을 연결하여 어떤 구문형식을 만드는 규칙이다. 〈공리 1〉의 H = H(B)가 그 구문형식의 하나이다. 셋째, 이 구문형식에서 다른 구문형식을 유도하는 추론규칙이다. 앞으로 소개되는 자유의 다양한 구문형식은 모두 〈공리 1〉의 H = H(B)에서 추론되는 것이다.

7. 〈공리 1〉의 기호표현 $H = H(B)$에서 등호 좌변 H의 정의 H(B)를 등호 우변 H에 대입하면 $H = H(B) = [H(B)](B) = H(B)^2$이고 연속 대입으로 $H = H(B)^N$이 된다. 수학적 귀납법처럼 $N = 0$일 때 $H = H(B)^0 = H$가 성립하여 [자유는 자유]라고 읽을 수 있는 것은 시나이 산의 [나는 나]라고 말한 여호와에 비유될 수 있다.[12] [여호와는 여호와의 시초]가 유대교와 기독교의 첫 번째 공리인 것처럼 $N = 1$일 때 $H = H(B)$의 [자유는 자유의 시초]를 〈공리 1〉로 채택할 수 있다. 자유가 신 및 영혼불멸과 함께 경험세계 너머 초월세계 3대 이념(이성의 개념)의 하나라고 추론한 이는 칸트(Kant 1781)이다.[13]

8. $H = H(B)$의 등호 좌측 주어 H와 등호 우측 목적어 H의 위치를 교체하면 긍정동사 B도 부정동사 -B로 바뀌어 $H = H(-B)$가 된다. 여기서 부호 -B는 뺄셈부호가 아니라 부정을 의미한다. 그 결과가 $H = H(B) = H(-B)$이다. 좌측 H를 우측 H의 각 자리에 대입하면 $H = H(B)^2 = H(-B)^2$이다. H의 대수변수변환을 $\overline{H} = \log H$로 정의하면 $\overline{H} = 2\overline{H}(B) = 2\overline{H}(-B)$가 성립한다. 따라서 $\overline{H} = \overline{H}(B) + \overline{H}(-B)$가 되어 [자유 = 자유의 시초 + 자유의 시초가 아님]이다. 자유는 측정기준 선정에서 자유로우므로 표준화normalization하여 원래 기호로도 $[H = H(B) + H(-B)]$의 중첩형식임이 재확인되어 증명불가능이 증명된다.

9. [자유는 자유의 시초]가 무모순과 무제약이라는 증명에 이어 마지막으로 증명불가능이라는 증명을 일반화하기 위하여 [자유는 자유의 시초]를 Q로 표기하자. 그리고 [Q는 증명불가능]을 Q'로 표기한다.

그러면 우리에게 두 경우가 주어진다.

첫째, 만일 Q'을 증명하지 못하면 증명불가능을 증명하지 못했으므로 [무모순 무제약의 [자유는 자유의 시초]는 증명불가능]은 참이다.

둘째, 만일 Q'을 증명하면 Q'의 부정문 [Q는 증명가능]이 참이 되어야 한다. 그러면 [무모순 무제약의 Q는 증명불가능]은 참이 아니다. 그러나 [무모순 무제약의 Q는 증명불가능] 자체가 이미 증명되었다 했으니 [무모순 무제약의 Q는 증명불가능]은 참이기도 하다. 따라서 [무모순 무제약의 [자유는 자유의 시초]는 증명불가능]을 증명하면 이것은 참과 동시에 참이 아닌 자기모순의 증명이다. 이때 분리형의 증명불가능Q와 증명가능Q는 서로 모순이다. 그러나 [참과 동시에 참아님]에서 '과'는 '동시에'와 더불어 덧셈부호가 되므로 [증명불가능Q = 증명불가능Q + 증명가능Q]의 일체형으로 받아드리면 모순이 아니다. 이것은 [Q는 Q의 증명불가능 = Q는 Q의 증명불가능 + Q는 Q의 증명가능]의 등호 양변에서 공통어간 'Q의'를 소거한 [Q는 증명불가능 = Q는 증명불가능 + Q는 증명가능]과 동일하다. 이때 등호 좌변의 자폐적 자기완결 자기조회 [Q는 Q의 증명불가능]의 기호표현은 Q = Q(-S)이다. 여기서 S는 증명가능이고 -S는 증명불가능의 기호이다. 따라서 [Q = Q(-S) = Q(-S) + Q(S) = 증명불가능Q + 증명가능Q]가 성립한다. Q가 모순이라면 증명이 필요 없는 당연한 동어반복이다. 그러나 자기모순의 증명이 된 원인이 Q = [자유는 자유의 시초]의 무모순성에 있다면 그 자기모순의 증명을 피하는 길은 증명불가능뿐이다. 곧 증명가능하면 자기모순이고 증명불가능하면 무모순이다. 따라서 무모순 무제약의 [자유는 자유의 시초]를 증명하면 자기모순이므로 [무모순의 [자유는 자유의 시초]의 증명]이 참이 아니고 [무모순의 [자유는 자유의 시초]의 증명불가능]이 참이다.

[무모순 무제약의 [자유는 자유의 시초]는 증명불가능]을 첫째 경우처럼 증명해도, 아니면 둘째 경우처럼 증명하지 못해도 [무모순 무제약의 [자유는 자유의 시초]는 증명불가능]이 참이라는 증명에는 변함이 없다. "증명될 수 없는 진리[참]이 항상 존재한다는 사실이 증명되었다."[14] 부등호표현으로 [진리〉증명]이다. 무모순 무제약의 [자유는 자유의 시초]는 긍정과 부정 가운데 어느 형식으로도 증명할 수 없다는 사실이 증명되었으므로 무모순, 무제약, 증명불가능의 세 가지 조건을 모두 만족 시킨 일체형의 [자유는 자유의 시초]를 〈공리 1〉로 채택할 수 있다.

10. 무모순의 자폐적 자기완결 자기조회의 증명불가능 형식은 증명가능형식과 증명불가능형식의 일체형 야누스이다. 그러나 긍정과 부정의 중첩형식임이 증명되어도 어느 분리형식인지는 결정불가능의 불완전한 일체형이다. [자유는 자유의 시초 = 자유는 자유의 시초 + 자유는 자유의 시초 아님]은 "수론에 적합한 어떤 형식체계에나 결정불능의 식, 곧 그 자체 [긍정]은 물론 그 부정도 증명할 수 없는 [불완전한] 식"이 존재한다.[15] "이웃의 총각은 부인과 함께 산다."는 문장은 모순이지만 부정 판정으로 분명하고도 완전한 증명이 된다. 이에 비하면 무모순의 〈공리 1〉의 증명은 불완전하다. 자폐적 자기완결 자기조회 일체형(중첩형식)의 일관성(무모순성)과 완전성은 양립할 수 없다.

보조정리 1: 무모순의 자폐적 자기완결 자기조회 구조는 긍정과 부정의 불완전한 일체형의 중첩형식이다.

H = H(B) → H = H(B) + (-B)

〈보조정리 1〉은 일체형 정리이다. 그 한 예가 앞서 소개한 [표현의 자유]와 양자역학에서 중첩의 [광자 = 파입]이다. 그리스신화에도 등장한다. 남녀로 분화되기 전의 야누스 같은 최초의 일체형인간이다. [일체형인간은 일체형인간의 최초]는 자폐적 자기완결 자기조회 H = H(B)의 형식이다. 〈보조정리 1〉에 의해 [일체형 인간 = 남성형 인간 + 여성형 인간]의 일체형의 중첩형식이 되지만 어느 성인지 증명불가능이다. 양성이 혼재된 일체형이기 때문이다. 등호 양변의 공통어미 '인간'을 소거하면 [일체형 = 남성형 + 여성형]이 되어 [인간 → 성]의 숨은 변수의 변환이 인정된다. 논리를 확대하면 기독교의 믿음이 설명된다. [신은 신의 시초]의 [신성 = 신성 + 신성이 아님 = 신성 + 인성 = 신 + 인자 = 성부 + 성자 = 성령]의 일체형도 중첩의 무모순이다. 그러나 증명불가능 곧 불완전증명의 삼위일체이다. 자폐적 자기완결 자기조회의 일체형은 불완전증명이고 오히려 분리형이 완전증명이다.[!!]

11. [Q = 증명가능Q + 증명불가능Q]에 Q의 정의를 대입한 [Q = 자유는 자유의 시초 = 증명가능의 자유는 자유의 시초 + 증명불가능의 자유는 자유의 시초]의 중첩형식도 마찬가지이다. 등호 양변의 공통어미 '자유의 시초'를 소거하면 [자유 = 증명가능자유 + 증명불가능자유 = 증명가능형식 자유 + 증명불가능형식 자유 = 제1형 자유 + 제2형 자유]

를 얻는다. 다시 말하면 H = H(B)의 구문형식에서 시초 B가 소거되고 변수변환으로 형식 S의 구문형식 H = H(S)가 추론될 수 있다. 곧 [자유의 시초→자유의 형식]의 변수변환은 [H(B)→H(S)]의 숨은 변수의 변환 결과이다.

4대 역설

1. 앞서 [자유는 자유의 시초]의 숨은 변수변환의 결과가 [자유 = 증명가능형식 자유 + 증명불가능형식 자유]이다. 여기서 증명가능을 C, 형식을 S라 표기하면 〈보조정리 1〉의 기호표기는 H = C(S) + C(-S)이다. 직역하면 전자의 자유는 증명가능형식이고 후자의 자유는 증명가능형식이 아니다. 그리스신화의 예에서도 [일체형인간 = 남성형 인간 + 남성형 아닌 인간 = 여성형 인간 + 여성형 아닌 인간], 또는 [일체형인간 = 제1형 인간 + 제2형 인간]의 중첩형식임을 증명해도 어느 쪽으로도 증명할 수 없는 비결정이다. 남녀 비율의 결정은 자연 최대의 비밀 가운데 하나이다.

2. 앞서 Q'를 증명할 수 있다면 Q'는 어느 형식으로도 증명할 수 없었다. 한 단계 더 나아가서 [Q'는 증명불가능]을 Q"로 표기하자. 만일 Q"를 증명할 수 있다면 Q"의 부정인 [Q'는 증명가능]이 참이 되어야 한다. 그러면 Q"가 참아님이 된다. 그러나 Q"를 이미 증명했으니 [Q'는 증명불가능]이 참이기도 하다. 따라서 Q"를 증명할 수 있다면

이것은 참이면서 동시에 참아님의 중첩구조가 되어 [Q"는 증명불가능]이다. 여기에 Q"를 대입하면 [[[Q'는 증명불가능]은 증명불가능]은 증명불가능]이다. 다시 Q'을 대입하고 같은 방식을 계속하면 [자유는 자유의 시초의 증명불가능은 증명불가능은 … ∞]의 무한대 증명불가능의 비결정이다. 기호표현으로 H = H(S)(S) … ∞은 증명불가능의 결정불가능이다.

보조정리 2: 무모순의 자폐적 자기완결의 자기조회의 일체형 불완전 형식은 비결정이다.

H = H(S) → H = C(S) + C(-S) → H = H(S)(S) … ∞ → 결정불가능

〈보조정리 2〉의 비유는 연극에서 찾아볼 수 있다. 증명불가능한 자신의 범죄를 바탕으로 만든 연극을 관람하는 범죄자이다. 연극 밖에서는 범죄를 목격한 사람이 없으므로 증명불가능이지만 자기완결 연극 안에서 벌어지는 무모순의 범죄구성을 관람하는 관객에게는 증명가능이다. [증명불가능범죄 = 연극 안 증명가능범죄 + 연극 안 증명가능범죄 아님 = 연극 안 증명가능범죄 + 연극 밖 증명불가능범죄]의 중첩형식이 바로 햄릿의 삼촌 클라디우스의 범죄이다. 자폐적 자기완결 자기조회의 연극을 기획했음에도 불구하고 햄릿은 '이다 또는 이다 아님'을 결정 못하는 'to be or not to be'의 회의적 비결정론자가 될 수밖에 없는 중첩형식이다.

3. 무모순(일관성)은 자기모순의 역설[!], 결정불가능은 자기완결의 역설[!], 불완전성은 자기완전(일체형)의 역설[!], 증명은 증명불가능의

역설[!]. 이것이 자기시초의 4대 역설이다. 곧 무모순 〈공리 1〉의 증명불가능을 증명했지만 그 증명은 긍정과 부정 어느 편의 결정으로도 완전하지 못하다. 따라서 〈공리 1〉의 증명불가능의 증명 역설에서 자유에 관한 무모순성, 비결정성, 불완전성의 관계를 살펴야 한다. 〈보조정리 1〉과 〈보조정리 2〉를 종합하여 이들 사이의 관계를 보면 일체형 = 무모순, 일체형 = 불완전성, 일체형 = 증명불가능성, 일체형 = 결정불가능성에서 또 하나의 중첩형식이 추론된다.

보조정리 3: 증명불가능성 = 결정불가능성 = 일관성 + 불완전성

경험세계의 인과관계가 사라진 경계에서 자유는 이성이 증명할 수 없는 초월세계의 존재이다. 다만 추론할 수는 있으므로 자유의 왕국에서 이성만이 일관되지만 불완전한 주인이다.

숨은 변수

1. 〈보조정리 1〉에 비유되는 양자역학의 [슈뢰딩거 고양이 = 살아있는 고양이 + 살아있는 고양이 아님 = 살아있는 고양이 + 죽어있는 고양이]도 비결정이다. [운동 = 속도 + 위치]의 하이젠버그 불확정성도 이를 그대로 불확실한 결정이다. 이 물리현상은 상보성의 원리로 받아드린다. “우리에게 두 개의 모순된 현실 모습이 놓여있다. 분리된 채 어느 것도 완전하게 설명하지 못하지만 혼합하면 설명할 수 있다.”[16]

그러나 일체형indivisibility로 설명하지 못한다면 그 원인이 숨은 변수를 찾는 실패에 있을 수 있다. "가스가 온도, 압력, 부피만으로 설명되지 않는다면 가스 속의 각 원자의 속도가 숨은 변수이다."[17] 수소 원자의 질량은 1.008이고 4개의 수소 원자는 1개의 헬륨과 같다. 그러나 헬륨 원자의 질량은 4.032가 아니라 4이다. 그 차이가 숨은 변수로써 에너지의 방출이다. [일산화탄소 ≠ 탄소 + 수소]에서도 등호가 성립하려면 숨은 변수를 찾아야 한다. 그것이 에너지이다. 곧 [일산화탄소 + 에너지 = 탄소 + 수소]이다.

뉴턴의 "절대적 참된 수학적 시간은 그 자체 스스로 외부와 상관없이 흐른다."[18] 영원에서 영원으로 흐른다는 그의 절대시간은 인과와 선후가 없어야 한다는 시초와 모순처럼 보인다. 시간은 자폐적 자기완결 자기조회이므로 시초를 가져야만 하기 때문이다. 마침내 어떤[숨은] 사건의 힘으로 시초가 있는 상대시간이라는 것이 현대물리학에 의해 밝혀졌다.

이상을 정리하자면 "자폐적 자기완결 자기조회의 일체형에서 일관성, 불완전성만으로 결정성이 설명되지 않는다면 숨은 변수를 찾아라." 〈보조정리 3〉의 비결정성을 결정성으로 변수변환 시키려면 일체형이 자신의 내부에 품고 있지만 좀처럼 드러내기를 거부하는 숨은 변수를 이끌어내야 한다.

보조정리 4: 결정성 = 일관성 + 불완전성 + 숨은 변수

예를 들어 유명한 명제 "나는 생각한다. 고로 존재한다."는 데카르

트 생각이 도달한 결론이다. [나는 생각한다는 나의 생각]의 중첩생각은 자폐적 자기완결 자기조회의 비결정 구조이다. 데카르트의 중첩생각이 옳다면 그의 존재는 비결정이다. 모순이다. 생각이 결정되어 데카르트가 자신의 존재를 증명하려면 숨은 변수가 필요하다. 말을 바꾸면 생각을 생각하는 실존을 설명해주는 미처 알지 못하는 숨은 변수가 실재함을 알 수 있다. "자연과 자연의 법칙은 어둠 속에 숨어 있었다. 하나님이 말씀하시기를 '뉴턴이 있으라함'에 모든 것이 빛이더라."[19]

앞서 [표현의 자유 = 표현의 자유 + 표현의 자유 아님]에서 무엇이 표현하게 하고 무엇이 입을 다물게 하는지는 어떤 상황이 결정한다. 곧 상황에 따라서 긍정yes의 자유와 부정no의 자유와 모름의 자유가 있다. [표현의 자유 = 긍정의 자유 + 부정의 자유 + 침묵의 자유 + 숨은 변수]의 4형식에서 그 어떤 상황이 숨은 변수가 될 수 있다. 보통 그것은 자신에게 유리한 상황 또는 불리한 상황이 정한다. 그 기준은 실정법이고 그 정점에 헌법이 있다. 그러나 헌법에게도 그렇게 결정하는 결정의 숨은 변수가 필요하다. 그 숨은 변수를 찾지 못하면 헌법이 그렇게 결정하는 결정하는 … ∞의 비결정을 막지 못한다. 여기서 숨은 변수에도 위계hierarchy가 존재함을 짐작할 수 있다. 곧 숨은 변수의 위계질서이다.

2. 개인을 사회로 확장해서 생각해도 원리는 동일하다. 사회가 존재하고 유지되는 수많은 변수가 숨어 있을 것이다. [자유는 자유의 시초]는 〈보조정리 2〉에 의하여 비결정이므로 [자유 = 모든 사람의 소유 + 모든 사람의 소유 아님]이 된다. 숨은 변수를 찾지 못하면 후자의 경

우 자유를 무주공산으로 만들어 사유화하려는 종교적, 정치적, 사회적, 관습적, 독단적 행위가 자유의 억압과 자유의 독점으로 나타날 수 있다. 자유를 자키기 위해서는 숨은 변수를 찾아야 한다.

3. 생각해보면 자기법칙을 갖는 시초로 언어도 있다. "태초에 말씀이 있었다."가 가르치듯이 [언어는 언어의 시초]이다. 언어의 법칙인 문법도 변수변환법칙, 덧셈법칙, 곱셈법칙, 나눗셈법칙이다. 언어의 자폐적 자기완결 자기조회 구조는 〈보조정리 2〉에 의해 비결정이다. 곧 원형언어proto-language가 수많은 언어로 핵분열된 것이다. [언어 = 언어의 시초 + 언어의 시초가 아님 = 언어의 시초 + 언어의 종말]은 하나의 언어 속에 숨은 변수에 의해 수많은 언어로 분화 또는 소멸함을 보인다.

연산법칙

1. 그리스신화의 예에서 남성 아닌 인간 = 여성 인간, 또는 여성이 아닌 인간 = 남성 인간으로 위치가 바뀌는 것처럼, H = C(-S)의 주어와 목적어를 서로 교체하면 동사도 부정에서 긍정으로 바뀌므로 C = H(S)가 된다. 증명은 자유의 형식, 곧 증명은 자유라고 읽을 수 있다. 그 의미는 증명은 자유지만 C = H(S), 그렇다고 역으로 자유가 증명되는 것은 아니다. H = C(-S) 라고 읽는다. 예를 들어 증명가능 C의 수단이 법이고 형식 S의 목적이 정의definition라면, 법의 목적이 법적자유를 정의하는 것이겠지만, 그렇다고 역으로 자유의 목적이 법으로 정의되는

것은 아님의 변수변환이다. 법이 자유의 정의의 충분조건이지 필요조건이 아니어서 자유의 영역이 법의 영역보다 큰 [H〉C]의 부등식의 성립 때문이다. $C = H(S)$와 $H = C(S)$를 C에 대하여 서로 대입하면 한편으로는 $H = H(S)(S) = H(S)(S) \cdots \infty$으로 증식하고, 다른 한편으로는 $H = H(S)(S) = H(S)$로 회귀한다. 자기순환이다. 이것이 자유의 자기변신에 의한 변수변환 [$H = H(B) \rightarrow H = H(S)$]이다. 번역하면 [자유는 자유의 시초→자유는 자유의 정의definition]의 변수변환이다.

2. 숨은 변수변환의 중요성은 자유의 다양한 형식에도 있다. 이미 [자유의 시초→자유의 형식]이나 [자유의 시초→자유의 정의]의 변수변환을 선보였다. 앞서처럼 〈공리 1〉의 [자유는 [자유의 시초]의 시초]의 속 괄호를 의지뿐만 아니라 미지의 어떠한 X로 대체하여도 [자유는 X의 시초]와 [X는 자유의 시초]로 나누어진다. 후자는 〈공리 1〉과 모순이다. 따라서 〈공리 1〉의 문장 자체로는 자유의 다양성에 필요한 분할이 불가능하다. 그러나 〈공리 1〉이 드러내는 숨은 변수변환은 자유의 분할을 가능하게 만들어 자유의 다양한 형식을 드러낸다. 곧 $H = H(B) \rightarrow H = H(S) \rightarrow H = C(S) + C(-S) \rightarrow H = H(S)(S) \cdots \infty$의 자기변신이다. 말로 표현하면 〈공리 1〉은 숨은 변수변환을 거쳐 〈보조정리 1〉와 〈보조정리 2〉로 진화한다.

3. 〈보조정리 2〉에서 [Q는 증명불가능은 증명불가능은…∞]의 무한대 증명불가능의 근본이 자유라는 추론은 자유가 우리 밖에 있는 무제약자임의 증거이다. "수학의 본질은 우리들 밖에 있다. 우리는 그것

을 발견할 뿐이다."를 상기시킨다.[20] 무한대 수학의 근본이 자유라는 무한대 수학의 개척자 칸토어(Cantor 1891)의 발언과 일맥상통한다.[21] 수학도 자유처럼 자기법칙을 따른다는 선언이다. 자유는 무제약자이지만 무법칙과 무질서의 방임laissez faire이 아니라 자기법칙의 존재이며 그 법칙만을 따르는 이념이며 가치이다.[22] 이런 의미에서 숨은 변수변환 법칙에 의한 자유의 변신은 자유에 그 밖의 연산법칙도 있을 것이라는 암시이다. 연산법칙의 [자연수는 자연수의 시초]처럼 [자유는 자유의 시초]도 덧셈법칙, 곱셈법칙, 나눗셈법칙을 따른다. 자연수에 음수가 없듯이 자유에도 음수가 없다. 음수의 자유는 구속이다.

자유의 제1법칙

1. 자유의 제1법칙은 자기합산self-addition 법칙이다. 이 법칙은 산수의 덧셈addition법칙에 해당한다. 앞서 [자유 = 증명가능자유 + 증명불가능자유]를 H = C(S) + C(-S) = C + F로 표기하자. 그리고 S를 내부라고 정의한다. 그러면 [H = C(S) + C(-S) = C + F = 증명가능자유 + 증명불가능자유 = 제1형 자유 + 제2형 자유]에서 [제1형 자유 = C(S)]를 직역하면 "자유는 증명의 안이다"라고 읽고, [제2형 자유 = C(-S) = F]는 "자유는 증명의 밖이다"라고 읽을 수 있다. 이것이 앞서 〈정의 1〉의 "자유는 우리 밖에 있는 무제약자"의 의미이다. 곧 [자유〉증명]의 부등식이 성립하여 증명할 수 없는 자유가 존재한다. 자유를 무한대 크기의 원으로 보면 증명은 그 안의 유한 원이고 나머지는 유한 원의 증명 밖의

무한대 원 속의 무제약 무한대 자유이다. 곧 무모순의 [자유 = 증명 안 자유 + 증명 밖 자유]이다. 여기서 등호 좌변의 자유 H는 숨은 변수변환의 중첩형식으로 되기 전 일체형 야누스의 원형자유이다.

정의 2: 원형자유 H = 이성증명 안 자유 C + 이성증명 밖 자유 F

2. 이것이 자유의 자기합산 덧셈법칙 H = C + F이다. 그러나 야누스 자유가 안과 밖의 일체형 중첩형식임을 증명해도 증명가능 또는 증명불가능의 긍정과 부정 어느 쪽인지 여전히 결정되지 못하는 불완전증명이다. 앞서 그리스신화 속 일체형 인간성의 예가 비결정이다. 햄릿의 우유부단도 결정불가능의 예가 된다. 양자역학의 일체형 [파입 wavicle = 파동 + 입자]의 구분도 결정불가능이다.

〈정의 2〉가 〈보조정리 1〉의 예이다. 곧 [증명가능Q' = 증명불가능Q' + 증명가능Q']이다. 이것은 [증명불가능Q' = 증명가능Q' + 증명불가능Q']와 동등하므로 하나로 합치면 [증명불가능Q' = 증명불가능Q' + 증명불가능Q' + 증명가능Q']이다. 이것을 증명불가능의 무한대로 확장시킬 수 있다. 세 번째 항 이하에 동일 형식을 적용하면 [증명불가능Q' = 증명불가능Q' + 증명불가능Q' + 증명불가능Q' + ⋯ ∞]의 중첩형식 연속의 무한대 비결정형식이다. 여기서 Q' = 증명불가능Q이므로 양변의 공통어간 '증명불가능'을 소거하면 [Q = Q + Q + Q + ⋯ ∞]이다. 다시 공통어미 '자유의 시초'를 소거하면 [H = H + H + ⋯ ∞]와 동일하다. 등호 우변의 H의 무한대 합이 등호 좌변의 H가 되려면 H 자신이 홀로 무한대가 아니면 안 된다. 곧 H = [H(S)(S)⋯ ∞] = [H + H + ⋯ ∞]

이 성립한다. 자유의 무한대에서 곱셈법칙과 덧셈법칙은 동일하다. 앞서 보았듯이 전자의 대수log표현이 후자가 되지만 여기서 보듯이 무한대이므로 대수 전환 없이도 성립한다. 〈보조정리 2〉에서 H의 결정불가능성의 또 다른 증명이다.

3. 문장 Q는 무모순의 형식이지만 Q = [자유는 자유의 시초] = [증명할 수 있는 자유 + 증명할 수 없는 자유]의 중첩형식이 문장 Q의 내용이 비결정임을 증언한다. 곧 〈보조정리 1〉의 중첩형식에 숨겨진 이 내용은 〈공리 1〉에 내재된 자폐적 자기완결 자기조회 Q = [자유는 자유의 시초]의 무한대 증명불가능 측면에서 보면 발견된다. 앞서 [Q는 증명불가능은 증명불가능은 … ∞]의 무한대 전개의 두 번째 증식 [[Q는 증명불가능]은 증명불가능]이 첫 번째 증식 [Q는 증명불가능]의 증명불가능을 증명한 모습이다. 증명불가능을 증명하지 못했으니 문장 [Q는 증명불가능]은 무모순이다. 이것은 Q = [자유는 자유의 시초]가 무모순이라는 〈공리 1〉에서 증명할 수 없는 전제와 일치한다. H의 다섯 가지 변환 [H = H(B)] → [H = H(S)] → [H = C + F] → [H = H(S)(S) … ∞] → [H = H(S) + H(S) + … ∞]도 공히 무모순의 결정불가능이다.

4. 앞서 공리의 증명불가능성→결정불가능성 증명은 곧 일관성(무모순)의 불완전증명이다. 참 또는 참아님 어느 형식으로도 결정할 수 없는 불완전증명이다. 참아님은 무엇이든지 원하는 대로 논리를 만들 수 있는 모순이므로 무모순의 일관성이 참(진리)을 대신할 수 있는 것은 형식체계의 일관성은 그 체계의 폐쇄적 제약 하에서 증명불가능이

기 때문이다. 증명은 무모순의 일관성이라는 제약 하에 성립하는 상대성임에 대해 진리는 절대성이다. [진리〉증명]의 부등호가 성립함이 확인된다.

진리 = 증명가능 진리 + 증명불가능 진리

예를 들어 "2보다 큰 모든 짝수는 두 소수素數의 합으로 표현된다."는 골드바흐 추론은 아직까지 일관되게 반증이 나타나지 않고 그렇다고 정식으로 증명도 되지 않은 불완전한 상태이다. 일관성과 완전성은 공존할 수 없다[23]는 〈보조정리 1〉에서 참과 참아님 사이의 증명불가능이 증명되므로 진리(참) 보다 그 자리를 증명이 대신하고, 완전성 보다 그 자리를 일관성이 차지한다. 여기에 더하여 구문이 의미를 대신하는 형식주의formalism이다. 진리와 완전성을 추구했던 실증주의positivism와 대칭이다.

5. 〈정의 2〉에서 자유의 안과 밖 중첩형식의 본질은 이성능력의 한계이다. 모든 자유를 추론할 수 없는 한계가 이성의 능력이다. 그럼에도 이성능력은 그의 한계 '밖' 또는 '너머' 증명불가능자유의 인식을 가능하게 한다. 뛰어넘는 '뒤', '위', '밖', '너머'는 메타meta이다.[24] "인식할 수 없는 이념, 곧 이성의 개념이 있다는 것의 인식"은 메타인식이다. 연극 속의 연극 『햄릿』은 메타소설meta-fiction이다.

증명할 수 없는 형식이라도 이성이 인식하는 세계는 경험세계 '너머'의 초월세계이다. 곧 〈정의 2〉의 이성증명가능자유는 경험세계이고 이성증명불가능자유는 초월세계이다. 그 경계에 있는 이성이 증명가능 안 자유로 증명가능 밖 자유를 추론한다. 무한을 추론하는 것은 역시 유한 밖에 없다. 그 추론법칙이 이성의 입법이다. 자폐적 자기완결 자기조회의 숨은 중첩형식을 추론하는 능력이다. 이것이 이성이 찾고자 하는 최후의 숨은 변수이다.

6. 경험세계는 무언가 시초를 가져야만 결정된다. 그것이 초기조건이라 부르는 숨은 존재이다. 기하학의 초기조건은 공리이다. 그 공리는 증명불가능이다. 경험세계가 시작되었다는 빅뱅을 설명하기 쉽지 않은 것은 빅뱅의 초기조건을 모르기 때문이다. 경험세계의 결정에 초기조건으로 초월세계의 존재가 추론되어 왔다. 증명가능 안의 경험세계에게 초기조건의 메타로써 초월세계는 증명가능 밖의 숨은 존재이다. (보조정리 1).

구약성서에 의하면 하나님이 창조하신 아담이 최초의 인간이다. 아담이 금단의 선악과를 먹은 후 [아담 = 선 + 악]이 되었다. 하나님이 아담을 찾으셨다. "네가 어디에 있느냐? 이르되 내가 동산에서 하나님의 소리를 듣고 내가 벗었으므로 두려워하여 숨었나이다." 하나님도 아담의 원죄를 추궁하시려면 숨어있는 아담을 찾아야만 하였다.

7. 시초 가운데 시초가 태초이다. "태초에 말씀(논리 = 법칙)이 있었다." 시나이 산의 [나는 나]가 그 말씀의 주인공이다. 그 주인공의 증명이 불가능하지만 기독교인이라면 경험세계의 최초메타로 믿는 근거이다. [나는 나]는 [나는 나의 나]의 준말이다. 전형적인 자폐적 자기

완결 자기조회 형식이다. 인간에게 신은 태초의 원인The First Cause이며 나를 포함한 모든 현상계의 초기조건 가운데 최초메타이다.

8. 경험세계의 [헌법은 헌법의 시초]도 자폐적 자기완결 자기조회이므로 숨은 변수 = 메타가 없이 그 자체만으로는 결정불가능이다. 초기조건이 없이 제정된 모든 헌법은 비결정성 형식논리의 눈에서는 임시변통의 임의적 헌법일 수밖에 없다. 국민의 대의가 헌법을 만들고 그 헌법이 거꾸로 국민을 정의하므로 [국민-헌법-국민]은 원의 무한순환 함정에 빠진다. 이러한 헌법은 무제약 무소불위 헌법이 될 수 있다. 이것이 '자치의 모순paradox of being governed'이다. 그렇다면 헌법의 초기조건 곧 메타 = 숨은 변수란 무엇인가? III권(헌법의 원리)의 주제이다.

자유의 제2법칙

1. 자유의 제2법칙은 자기증식self-multiplication 법칙이다. 이것은 산수의 곱셈법칙에 해당한다. 지금까지 논의가 이미 자유의 곱셈법칙을 드러냈듯이 〈공리 1〉의 자폐적 자기완결 자기조회 형식 $H = H(B)$의 1회 자기증식 $H = H(B)^2$을 번역하면 [자유는 [자유의 시초]의 시초]이다. 무한대 자기증식은 $H = H(B)^{\infty}$이다. 번역하면 [자유는 자유의 시초의 시초의 시초의… ∞]가 되어 결정불가능이다. 자유의 자기증식 곱셈법칙은 〈보조정리 2〉의 결정불가능 법칙이다.

2. 자폐적 자기완결 자기조회 구조가 비결정indeterminacy이라 함은 자기조회의 중첩형식이 하나로 유일하게 정의되지 않는다는 뜻이다. H와 B의 2개 기호를 품고 있는 1개의 기호표현 H = H(B)는 수학적으로는 2개의 미지수의 1개의 방정식이 무한개 풀이를 갖는 풀이불능에 비유될 수 있다. 임의의 풀이(결정)일 수밖에 없다. 앞서 그리스신화의 일체형인간의 성은 결정불가능이었다. 슈뢰딩거의 고양이도 살았는지 죽었는지 비결정이다.

3. 결정불가능의 예는 $H = H(B)^N$으로부터 성립하는 $H = H(B)^0 = H$가 보여준다. [자유는 자유]라고 읽는 이것은 [나는 나]의 자기논리만으로 나의 존재가 증명되지 않는 법정의 인정심문에 비유할 수 있다고 하였다. 앞서 [국민 - 헌법 - 국민]의 원의 구조와 비교하면 [나 - 자기입법 - 나]의 원의 자기집행이 작심삼일로 끝나게 되는 임의의 습관도 마찬가지이다.

[나 - 자기입법 - 나] ⇋ [국민 - 헌법 - 국민]

내가 스스로 법칙을 만들고 그 자기입법을 따르겠다는 정초결심이 쉽게 무너지는 이유는 주어의 나와 목적어의 나를 연결한 무한순환의 원에서 아무 것도 결정되지 않기 때문이다. 작심삼일은 결심이 지켜지지 않고 무위가 되는 제멋대로 임의적 임시변통의 자기심사이다. 규칙적 자기집행이 결정되지 않으므로 자기입법도 일관되지 못하다. 작심삼일의 자기입법은 때때로 일관성, 결정성, 불완전성을 유지하기 어렵다. [국민 - 헌법 - 국민] = [국민 자기입법 - 국민]의 원의 자폐적 자기완결 자기조회 논리도 숨은 변수의 도움이 없으면 사정은 마찬가지로 그렇게 결정된 헌법은 임의적 임시변통에 불과하다.

자유의 제3법칙

1. 자유의 제3법칙은 자기분할self-division 법칙이다. 이 법칙은 산수의 나눗셈division 법칙에 해당한다. 앞서 H = H(B)의 분할은 불가능하였다. 그러나 자유의 변수변환 법칙으로 H = H(S)의 분할은 가능함을 보일 수 있다. 자유는 스스로 존재하므로 자폐적 자기완결 자기조회 H = H(S)를 변수변환을 이용하여 주어와 목적어의 위치를 교체하면 H = H(-S)도 성립한다. 따라서 H = H(S) = H(-S)이므로 증명가능자유는 동시에 증명가능자유가 아니다. 앞서 그리스신화 속 일체형 인간은 남성이면서 동시에 남성이 아니고 또는 여성이면서 여성이 아니었다. 광자는 파동이면서 파동이 아닌 입자로 파입이다. 이로써 H는 분화하기 전 일체형 그 내부에 이미 S와 -S를 함께 보유하고 있음을 알 수 있다. 이것이 변수변환에 의한 S와 -S의 분화의 모태가 된다. H = H(S) = H(-S) = H(S) + H(-S)가 된다.

2. 동일형식을 H(S)에 적용하면 H = H(-S) + [H(-S) + H(S)] = H(-S) + H(-S) + H(-S) + … ∞의 자기분할 나눗셈법칙이 성립한다. 이로써 〈보조정리 2〉의 비결정 원인이 [결정불가능 = 결정불가능 + 결정불가

능 + 결정불가능 + … ∞]의 무한대 결정불가능에 있음을 확인할 수 있다. 앞서 [증명불가능 = 증명불가능 + 증명불가능 + 증명불가능 + … ∞]과 비교하면 [증명 → 결정]의 변수변환이다.

3. [증명 → 결정]을 〈보조정리 1〉에 적용할 수 있는 한 예가 앞서 언급한 헌법이다. 무모순의 헌법이 일관성과 완전성을 동시에 성립시킬 수 없는 좋은 예이다. 무모순의 일관성 헌법의 불완전성이란 무엇인가? 헌법은 법체계 시초이며 동시에 그 법체계에 속하므로 문장 [헌법은 헌법의 시초]는 자폐적 자기완결 자기조회 무모순의 일관성이다. 그러나 〈보조정리 2〉에 의하여 메타가 없는 헌법은 비결정이다. 메타가 없는 헌법은 모든 사람의 것이며 동시에 모든 사람의 것이 아니다. [헌법 = 모든 국민의 소유 + 모든 국민의 소유 아님]에서 후자의 경우 무주공산의 헌법을 사유화하려는 정치적 행위가 독재이다. 독재는 헌법의 절도[!] 권력의 찬탈을 막으려면 헌법의 결정성에 필요조건인 숨은 변수를 찾아야 한다.

4. 〈보조정리 1〉에 의하면 [헌법은 헌법의 시초 = 증명가능 헌법은 헌법의 시초 + 증명불가능 헌법은 헌법의 시초]가 되는데 [증명 → 결정]을 대입하면 [헌법은 헌법의 시초 = 결정가능 헌법은 헌법의 시초 + 결정불가능 헌법은 헌법의 시초]로 변수변환이 일어난다. 여기서 양변의 공통어미 '헌법의 시초'를 소거한 [헌법 = 결정가능헌법 + 결정불가능헌법]은 전체적으로 비결정이다. 헌법의 결정불가능부분의 변동가능성이 헌법의 불완전성을 일으킨다. 이에 대하여 결정가능부분이 고

정가능임을 추론할 수 있다. 일관성의 헌법은 고정가능성과 변동가능성의 불완전한 중첩형식이다. 변동가능성은 다시 그의 평균과 변이로 나눌 수 있다.

헌법 = 고정가능형식 + 변동가능형식

변수변환이 [증명가능 → 결정가능 → 고정가능]과 [증명불가능 → 결정불가능 → 고정불가능 → 변동가능]으로 진화한 결과이다. 이것이 모두 자기시초가 일으키는 4대 역설의 불가피성이다.

5. 이 책의 또 하나의 주제인 헌법은 법체계의 시초인 만큼 세 가지의 탐구가 요구된다. 헌법의 결정성, 일관성, 불완전성이다. 결정성은 존재성이고, 일관성은 유일성이며, 불완전성은 불안정성이다. 이러한 탐구는 비결정의 자유와 상충될 수 있다. 헌법의 임의적 결정으로 비결정의 다양한 자유를 희생시키려는 역사적 시도가 설명될 수 있다. 그러나 이 책은 자유의 다양한 비결정성을 존중하는 헌법의 결정성과 일관성을 탐구한다. 그 가능성을 추적한다. 그것은 숨은 변수의 정체에 달렸다.

헌법의 결정가능성은 존재의 고정성이고, 일관성은 고정형식과 변동형식의 구성이 헌법정신(목표)인 다양한 자유의 비결정성에 일관하는 유일성이다. 이성능력의 한계로 불가피한 헌법의 불완전성 곧 불안정성을 효과적으로 제어하는 문제가 남는다. III권의 주제이다.

6. 자유의 자기분할 나눗셈법칙의 하나의 예를 들어본다. 변수변

환법칙을 이용하여 자유를 이성의 입법대상 C로 추론하면 이성의 입법대상 H = C(S)이다. 이것으로 〈공리 1〉의 H = H(S)(S)를 나누면 C = H(S)이고 여기에 주어와 목적어를 서로 교체한 H = C(-S)를 합산하면 H = C(S) + C(-S). 이것이 〈보조정리 1〉이다. 번역하면 자유는 입법대상 자유와 입법대상이 아닌 자유로 구분된다. 투표의 예를 들면 C(S)는 투표할 자유이고 C(-S)는 투표하지 않을 자유이다. 투표하지 않을 자유는 입법대상 밖의 자유에 속한다. 투표하지 않을 자유의 분할 C(-S) = δ(S) + δ(-S)도 가능하다. 전자는 투표 전 집회에서 연설하지 않을 자유이고 후자는 연설할 자유이다. 다시 분할하면 δ(-S) = ϵ(S) + ϵ(-S)에서 전자가 집회에 참석하지 않을 자유 후자가 참석할 자유이다. 연속분할하면 H = C(S) + δ(S) + ϵ(S) + θ(S) + μ(S) + …∞의 다양한 항의 자기합산을 만들 수 있다. 앞서 언급 했듯이 원시언어proto-language의 분할이나 빅뱅의 시초에 한 덩어리 일체형 원시원소primordial element의 분열 [원시원소 = 수소 + 수소 아닌 원소 = 수소 + 헬륨 + …]로 모든 원소가 탄생하게 된 현상에 비유된다.

7. 자유의 자기분할 나눗셈법칙이 자유의 창의성creativity를 이끌어낸다. 창의성은 독창성originality의 합산이다. 〈정의 2〉의 F = δ(S) + ϵ(S) + θ(S) + μ(S) + …∞가 이를 증언한다. 서로 관계없이 보이는 다양한 개성의 독창성의 조합이 창조성이다. 이에 대하여 입법대상자유 C = K(S)는 질서 속의 자유이다. C와 F의 구분과 F의 조합을 일으키는 능력의 창조성은 현상유지의 질서를 타파하는 변환이며 새로운 질서 발견의 관문이다.

8. 아담의 죄로 실낙원이 되었을 때 하나님의 징벌이 희소성과 불확실성이다. 불확실성이 비결정의 근본적 원인이다. 이성과 시간이 인간에게 남겨진 전부였다. 지식은 이성에 기반을 두고 지식의 예상을 뛰어넘는 것은 시간이다.[25] 시간은 사고의 숙성을 대기하는 우회생산의 핵심이다. 둘이 합쳐지면 상상이 된다. 상상이 창조성의 근본이며 비결정성을 깨뜨린다. 창조성은 사적자유의 자식이다.

9. 자기분할 나눗셈법칙의 변신 $H = C(S) + \delta(S) + \epsilon(S) + \theta(S) + \mu(S) + \cdots \infty$에서 첫 번째 항 C(S)만 제외하고 나머지 무한대 다항을 〈정의 2〉와 비교하여 무한대 무제약 자유 $F(S) = \delta(S) + \epsilon(S) + \theta(S) + \mu(S) + \cdots \infty$로 정의할 수 있다.

정의 3: $H = C(S) + [\delta(S) + \epsilon(S) + \theta(S) + \mu(S) + \cdots \infty] = C(S) + F(S)$

이것이 자유의 나눗셈법칙이다. 이로써 자유는 변수변환의 변신을 통하여 H의 여러 변환 $[H = H(B)] \rightarrow [H = H(S)] \rightarrow [H = C + F] \rightarrow [H = H(S)(S)\cdots\infty] \rightarrow [H = H + H + \cdots\infty] \rightarrow [H = C(S) + \delta(S) + \epsilon(S) + \theta(S) + \mu(S) + \cdots\infty] \rightarrow [H = C + F] \rightarrow [H = H(S)] \rightarrow [H = H(B)]$를 거쳐 원래의 형식으로 회귀한다. 융합에서 분열로 다시 융합의 과정이 반복됨이 설명될 수 있다. 곧 [자유 = 자유의 시초 + 자유는 시초가 아님]에서 시초와 시초 아님이 반복 교체됨이 재확인된다. 원인이 결과가 되고 결과가 원인이 되는 무제약의 순환도 재확인된다.

10. 이 재확인으로 〈정의 3〉이 이성의 입법가능 밖 자유 F의 무한대가 다양한 형식의 원인임을 추론한다. 지적했던 예에서는 δ = 집회의 자유, ϵ = 표현의 자유, θ = 양심의 자유, μ = 사상의 자유 등이다. 연쇄적 다항의 합산을 이항으로 압축 표현한 것이 〈정의 2〉의 [자유 = 이성증명 안 자유 + 이성증명 밖 자유 = C + F]이다.

11. H = C + F에서 F의 무한대 분할을 예를 들어 생각해볼 필요가 있다. 피타고라스 정리는 $a^2 = b^2 + c^2 = b^2 + d^2 + e^2 = b^2 + d^2 + f^2 + g^2 = \cdots \infty$의 무한대로 전개될 수 있다. 첫째 등호는 평면에서 원의 방정식, 둘째 등호는 입체에서 구의 방정식, 셋째는 4차원 공간에서 초구의 방정식이다. 차원을 더 이상 높이면 실체를 경험할 수 없고 사고 속에 존재하는 고차원을 거쳐 무한 차원에서 무한 초구의 방정식이다. 자유의 차원도 이와 같다. 자유가 경험세계 너머 초월세계의 존재라는 의미이다. "유한이 무한을 추론한다."의 예이다.

12. 자폐적 자기완결 자기조회 H = H(S)의 1회 자기증식 곱셈법칙에서 얻은 H = H(S)(S)가 X를 만나 H = X(S)와 X = H(S)로 분할되는 나눗셈 법칙에서 X와 H의 위치를 상호교체하면 술어 S는 -S로 바뀌므로 H = X(-S)가 된다. 이것은 자유의 나눗셈법칙과 곱셈법칙이 동전의 양면이므로 제2법칙이 그 역인 제3법칙으로 추론될 수 있음을 의미한다. 곧 H = H(S)(S)의 자기분할 H = X(S)와 X = H(S)에서 X = X(S)(S)가 되는 H와 X 사이의 완전대칭의 역지사지reciprocity 법칙이다.

종합하면 H = X(S) + X(-S)이다. X = 증명가능자유라면 [자유는 자유의 시초 = 증명가능의 자유는 자유의 시초 + 증명가능의 자유는 자유의 시초가 아님]라고 번역된다. 변수변환을 위하여 앞서처럼 공통어미 '자유의 시초'를 소거하면 [자유 = 증명가능자유 + 증명가능자유가 아님 = 증명가능 안 자유 + 증명가능 안 자유가 아님]이다. 더욱 줄이면 [자유 = 증명 안 자유 + 증명 밖 자유 = 증명가능자유 + 증명불가능자유 = 제1형 자유 + 제2형 자유]의 분할형태로 진화한다. 인위적 분할이 아니다. 글자 그대로 스스로 자기분할이다. 자유의 중첩형식이 이성에 의한 분할이기 때문이다.

이성입법

1. 이처럼 이성의 개념(이념)인 자유는 제한된 이성능력에 의해 법칙을 입법하는 가능성의 혼합체이므로 자유를 증명 안과 밖의 자유로 경계 짓는 이성입법의 추론을 보자. 곧 자유가 야누스가 되게 하는 무제약이다. 〈정의 2〉에서 이성입법 V가 추론할 수 있는 자유 H는 H = V(S)이고 추론할 수 없는 자유는 H = V(-S)이다. 합하면 H = V(S) + V(-S). 이것도 변수변환이다. 스스로 존재하는 자유 H = H(S)의 1회 자기증식은 H = H(S)(S)이다. 자유 H를 이성입법 V에 의존하여 추론하면 자유는 이성입법의 추론대상 H = V(S)이다. 이것을 H = H(S)(S)에 대입하면 V = H(S)인데 이성입법이 자유의 추론증거라고 읽는다. 〈정의 2〉의 두 번째 항과 비교하여 주어와 목적어를 바꾸고 긍정동사 S를 부정동사 -S로 바꾼 것이 H = V(-S)이다. H = V(S)와 합쳐 함께 읽으면, 비

록 증명할 수 없는 자유일지라도 그 자유의 증거가 바로 이성입법이라는 뜻이다. 종합하면 〈정의 2〉는 "자유는 자신을 증거로 삼는 이성입법을 자유의 증거로 삼는다."라고 읽을 수 있다. 이 문장에서 이성과 그 수식어를 제거하면 [자유는 자유의 증거]만 남는데 이 또한 자폐적 자기완결 자기조회 구조이다. 곧 H = H(S)이다.

역으로 추론할 수 있다. 자유는 이성입법의 추론대상이다. H = V(S). 이성입법이 추론할 수 없는 자유 H = V(-S)에서 주어와 목적어가 서로 바뀌면 부정동사도 긍정동사로 바뀌므로 V = H(S)가 된다. 두 결과를 V에 대하여 대입하면 H = H(S)(S)의 자폐적 자기완결 자기조회가 되어 자유가 스스로 존재함이 추론된다. 자유는 인간과 독립적으로 자기법칙만을 따르는 자폐적 자기완결 자기조회의 존재로 인간이 추론가능 안의 자유로 추론가능 밖의 자유까지 추론하기를 기다린다. 자유의 본질은 우리 밖에 있다. 우리는 그것을 추론할 뿐이다.

2. 앞서 〈정의 2〉의 증명가능형식 안 자유와 증명가능형식 밖 자유 사이의 경계에서 드러난 메타 = 숨은 변수는 이성입법이었다. 이성입법은 자유가 무질서의 방임이 아니라 질서의 자기법칙을 갖는 가치임을 과시한다. 여기서 안과 밖의 추론여부를 주관하는 개인의 이성입법을 k라 표기하자. 이성입법 k란 무엇인가? 그것의 실체 역시 알려지지 않는다. 다만 추론할 뿐이다. 〈정의 2〉의 자유의 기본등식 H = C + F에서 이성의 입법범위는 이성이 추론할 수 있는 자유 C = k(S)뿐이다. 이성이 추론할 수 없는 자유 F = k(-S)는 이성입법 k의 능력 밖이다. 이것이 이성입법 k의 한계 너머의 추론불가능형식이다. 〈보조정

리 1〉에 의해 H = H(S)(S)는 H = k(S) + k(-S)의 합산이다. 번역하면 [자유 = 이성의 입법가능자유 + 이성의 입법불가능자유]가 된다. 이것도 [증명 → 입법]의 변수변환의 예이다.

정의 4: 원형자유 H = 이성의 입법가능 안 자유 C + 이성의 입법가능 밖 자유 F

이성입법은 원형자유 안의 입법가능자유로 하여금 원형자유 밖의 입법불가능자유의 존재를 분별하게 하는 능력이다. 이것이 "무한은 유한을 통해 추론할 수 있다"의 내용이다. 그러나 중첩형식으로 분할하는 이성입법도 자유가 입법가능 또는 입법불가능 어느 쪽인지 여전히 결정하지 못한다. 여기서 이성입법 밖이란 무엇일까?

보편입법

1. 〈정의 4〉에서 이성입법이란 1인왕국의 개인이성의 법칙이다. 자기입법의 법칙이다. 개인을 집계하여 대의제 국가전체로 확대하면 개인의 자기입법 k들을 대표하는 입법부의 보편입법이 존재한다고 가정할 수 있다. 이때 〈정의 4〉의 자유는 집계되어 입법부가 보편적으로 입법할 수 있는 자유와 입법부라도 입법할 수 없는 자유의 중첩형식으로 진화된다.

정의 5: 원형자유 H = 입법부 보편입법가능 안 자유 C + 입법부 보편입법가능 밖 자유 F

사적계약의 자유가 보편입법가능 안 자유의 한 예이고, 이성이 모르는 신앙의 자유가 보편입법가능 밖 자유의 한 예이다. 보편입법가능 밖 자유의 또 하나의 중요한 예가 사상의 자유와 양심의 자유이다. 말을 바꾸면 사상의 자유는 [이성은 이성의 자유]이다. 이성은 양식이고 감성은 양심이다.[26] 양심의 자유는 [감성은 감성의 자유]와 동일하다. 각각 독립된 왕국의 왕자이다.

2. 양식은 양심의 종 곧 "이성은 감성의 종"은 경험론의 명제이다. 쌍대표현은 "감성은 이성의 종이 아니다." 이에 대하여 양심은 양식의 종 곧 "감성은 이성의 종"이 합리론의 명제라고 할 수 있다. 감성으로 합성하면 "이성은 이성의 종"이고 이성으로 합성하면 "감성은 감성의 종"이다. 종의 반대의 하나가 자유이다.[27] 따라서 [이성은 이성의 자유]이고 [감성은 감성의 자유]이다.

3. 오성은 대상을 인식하는 능력이고 이성은 대상을 추론하는 능력이다. 자유 역시 그 추론대상 가운데 하나이므로 이성은 자유를 추론하는 능력이다. 앞서 〈정의 4〉의 해설에서도 H = V(S) + V(-S)는 자유는 이성의 추론대상이며 동시에 이성의 추론을 뛰어넘는 추론대상이 아니다. 후자는 V = H(S)이므로 이성은 자유의 추론능력이다. 합치면 V = V(S)(S)이다. 곧 이성은 이성의 추론대상이다. 이성의 추론대상

가운데 하나가 자유이므로 [이성은 이성의 자유]이다. 사상의 자유는 자폐적 자기완결 자기조회의 무한대 세계이다. 오성 이전 상태의 감성은 대상을 표상하는 능력이다. 자유 역시 그 표상하는 대상 가운데 하나이므로 감성은 자유의 표상능력이다. 앞서와 같은 논리로 [감성은 감성의 자유]가 양심의 자유이고 무한대 자기조회이다.[28] 사상의 자유와 감성의 자유는 표현의 자유의 기초이고, 표현의 자유는 언론과 출판의 자유 및 집회의 자유의 기초이다. 앞서 보았듯이 [표현의 자유 = 표현의 자유 + 침묵의 자유 = 표현의 자유 + 표현의 자유 아님]은 자폐적 자기완결 자기조회의 [표현은 표현의 자유]의 인수분해이다. 사상(생각) 없는 표현이 공허하듯이 사상의 자유가 없는 표현의 자유 또한 공허하다. 따라서 [표현의 자유 = 표현의 자유 + 표현의 자유 아님]이 [표현은 표현의 자유]이듯이 [이성의 자유 = 이성의 자유 + 이성의 자유 아님]은 [이성은 이성의 자유]이다.

4. 사상의 자유가 입법부의 보편입법가능 밖 자유가 되어야 하는 이유는 다른 방식으로 제시할 수 있다. 사람은 자유롭게 생각하는 존재이다. 이 금언을 수용한다면 [사상은 사상의 자유]의 명제가 성립한다. 앞서 언급한 "나는 생각한다."는 데카르트의 생각이 곧 [생각은 생각의 자유]이라는 예가 이 명제에 준한다. 태초에 있었다는 말씀logic 곧 논리logos도 이 명제에 힘을 보탠다. [사상은 사상의 자유]는 자폐적 자기완결 자기조회이므로 〈보조정리 1〉에 의해 [사상 = 증명가능 사상 + 증명불가능 사상]의 중첩형식이 된다. 증명가능 사상은 진리로 고정된다. 증명불가능 사상은 현재는 불가능이지만 장래에는 증명가능 할 수

도 있고 할 수도 없을 수 있다. 진리 아니면 거짓으로 판명될 수도 되지 않을 수도 있다. 앞서 [진리 = 증명가능 진리 + 증명불가능 진리]이다. 사상의 자유는 스스로 자기증명을 하는데 시간이 필요하므로 현재의 무지에 근거한 입법으로 억압할 근거가 없다.

5. 〈정의 4〉에서 〈정의 5〉의 진화가 가능하려면 입법부의 보편입법 K가 개인입법 k들의 대표라는 전제가 성립해야 한다. 개인입법 k들의 대표를 보편입법 K이라 부르면 그러한 대표가 가능할까? 말을 바꾸면 보편입법이란 것이 존재할까? 이 질문이 민주주의의 첫 번째 질문인 보편입법 존재의 결정성 질문이다. II권(민주의 원리)의 주제이다.

6. 개인 차원에서 국가전체로 확대될 때 입법가능자유 C는 법이 국민에게 균일하게 부여하는 법 안의 법부자유로 해석이 가능하다. 계약의 자유가 여기에 속한다. 그러면 입법불가능자유 F는 법으로 정의할 수 없는 법 밖의 사적자유가 된다.

정의 6: 원형자유 H = 법부자유 C + 사적자유 F

여기서 비로소 법의 기준으로 공과 사의 구별이 생긴다. 곧 [안과 밖 = 공과 사]이다. 원형자유 안에 내재하는 자유가 밖으로 외생화된 변수변환이다. 법 밖의 자유는 원형자유 안의 자유이다. 그러나 자유가 중첩형식으로 진화되어도 보편입법은 그것이 법부자유 C와 사적자유 F 어느 쪽으로 결정되는지는 여전히 추론하지 못한다. 말을 바꾸면 보편입법에 의한 법부자유와 사적자유의 공과 사 구분의 비결정은 자유의 비결정에서 유래한다.

7. 앞서 〈정의 2〉에서 입법가능 안의 자유로 하여금 그 자유 밖의 입법불가능자유의 존재를 추론하게 하는 능력이 이성입법이었다. 거시적으로 확대된 〈정의 5〉에서 법부자유 안의 자유와 법부자유 밖의 사적자유의 존재를 분별하는 능력이 보편입법이다. 〈정의 5〉에서 법부자유가 영(C = 0)이면 자유는 사적자유뿐으로 그 사회는 법으로 보호받지 못하는 자연 상태의 순수자유사회가 된다. 반대로 사적자유가 영(F = 0)이라면 그 사회의 자유는 법부자유뿐으로 개인의 사적영역이 없어지는 완전평등의 통제 사회가 된다. 결국 보편입법에 의한 법부자유의 결정범위가 사회를 자연 상태의 순수자유사회와 통제 상태의 순수평등사회의 구분을 결정한다. 이 구분결정의 원리는 무엇인가?

8. 〈보조정리 1〉과 〈보조정리 2〉에 의하여 [자유는 자유의 시초]의 증명불가능형식을 증명가능 안과 밖 또는 공과 사의 형식으로 분할시킬 수 있는 어떤 메타의 존재가 밝혀졌다. 자폐적 자기완결 자기조회의 법부자유 C = C(S)를 K로 분할하여 C = K(S)와 K = C(S)를 얻는다. 전자에서는 법부자유 C가 K에 복종하고 후자에서는 K가 법부자유 C에 복종한다. 다른 말로 바꾸면 법부자유 C를 정의하고 존중하는 것이 K이다. K를 보편입법이라고 부르면 법부자유 C를 정의하고 사적자유 F를 존중하는 것이 보편입법 K이다.

9. 그러나 보편입법 K에 의한 C의 분할 C = K(S)와 K = C(S)를 K에 대해 합성하면 C = C(S)(S)의 자폐적 자기완결 구조이므로 〈보조정리 2〉에 의해 법부자유는 그 스스로 결정되지 않는다. C와 F의 구분 원리는 무엇인가? 이 구분에서 법부자유가 복종하고 존중받는 보편입법 K란 무엇이 결정하는가? C = K(S)와 K = C(S)를 C에 대해 합성한 K = K(S)(S), 곧 [보편입법은 보편입법의 시초]도 자폐적 자기완결 자기조회이므로 비결정이다. 보편입법 K란 무엇인가? 그러한 보편입법 K는 임의적 임시변통이 아니라 논리적으로 결정되는가? 보편입법 K는 존재하는가?

10. 〈정의 5〉는 다른 각도에서 재해석할 수 있다. 자폐적 자기완결 자기조회의 야누스 원형자유 H = H(S)(S)는 메타 C에 대하여 C = H(S)와 H = C(S)의 자기분할이 가능하다. 후자를 다르게 표현하면 C = H(-S)로 입법할 수 없는 법 밖의 자유이다. 합성하면 H = C(S) + C(-S)의 중첩형식이다.

정의 7: 원형자유 H = 법 안의 자유 C + 법 밖의 자유 F

여기서 법 안의 자유 C = C(S)가 법부자유이다. 법 안의 자유는 법이 모두에게 공통적으로 균일하게 부여하는 법 안의 평등isonomy이고, F = C(-S)는 법 밖의 사적자유라서 입법불가능이다. 평등이 자유의 일부임을 알 수 있다. 법 안의 평등한 자유 C는 질서이다. 보편입법은 자유의 중첩형식을 결정할 수 있지만 C와 F의 구분은 결정하지 못한다. 이런 의미에서 〈공리 1〉은 〈정의 6〉의 변수변환으로 [자유는 자유의 시초 = 법 안의 자유는 자유의 시초 + 법 안의 자유는 자유의 시초가 아님]으로 쓸 수 있다. 등호 좌우의 공통어미 '자유의 시초'를 소거하면 [자유 = 법 안의 자유 + 법 안의 자유가 아님]이 된다. 법 안의 자유가 평등이고 법 안의 자유가 아님이 사적자유이다.

정의 8: 원형자유 = 평등 + 자유 = 평등의 자유 + 평등의 자유 아님

아래 제2장에서 차례대로 전개되겠지만 자유와 자유의 충돌에서 권리가 탄생하고 권리와 권리의 다툼에서 정의가 추구된다. 권리는 자유의 평등이고, 정의는 권리의 평등이다. 그 밖의 나머지가 사적자유를 지키는 사적권리와, 사적권리를 지키는 사적정의이다. 모두 원형자유에서 연유한다.

보편입법의 존재와 형식

1. 이상에서 자유의 자기증식 곱셈법칙, 자기분할 나눗셈법칙, 자기합산 덧셈법칙의 연산법칙과 그것에서 파생된 보조정리와 정의를 모두 합친 자유의 법칙체계 [H = H(B)] → [H = H(S)] → [H = C(S) + C(-S)] → [H = C + F] → [자유 = 제1형 자유 + 제2형 자유]를 살펴보았다. 지적할 점은 자유가 연산법칙을 갖게 되는 최초 원인이 이성입법의 한계라는 점이다. 연산법칙은 이성이 인식할 수 있는 가능세계의

실상이며 불가능세계의 증거이다. 이 가능세계와 불가능세계 사이의 관계에서 자유는 이성입법을 비롯한 여러 메타에 의존하여 여러 형식으로 진화하였다. 그것은 세계의 안과 밖의 중첩형식이었으며 일체형이었다.

2. 증명가능 안과 밖의 자유를 인식하는 이성(정의 2), 이성의 입법가능 안과 밖의 자유를 가르는 개인의 이성입법(정의 4), 개인 이성입법을 대표하는 입법가능 안과 밖의 자유를 나누는 입법부 입법(정의 5), 법부자유와 사적자유를 이분하는 보편입법(정의 6). 그 보편입법이 자유를 법 안과 밖의 자유로 양분(정의 7)하고, 양분의 결과가 자유와 평등이다.(정의 8). 변수변환하는 자유의 후손들은 모두 원형자유의 안과 밖의 중첩형식으로 분화한다.

3. 결국 자유의 정의 H = H(B)도 변수변환 덕택에 H = H(S)에서 H = C + F의 두 가지 중첩형식으로 분할함은 앞서 본 대로이다. 보편입법 내부의 법부자유 C(S)와 보편입법 외부의 사적자유 F(S)이다. 무제약 무한대 원형자유 H는 보편입법의 위임 안 법부자유 C와 위임 밖 사적자유 F로 분할된다. 보편입법에 위임하지 않은 사적자유 F(S)는 여전히 개인 소유로 무제약 무한대이다. 보편입법 보다 상위법이 없다면 무한 반복하는 자기조회의 원에서 그 이상은 현실의 법체계에 속하지 않는다. 이때 법부자유 C(S)의 범위는 보편입법에 의해 결정된다. 곧 법부자유 C(S)와 사적자유 F(S)의 영역구분은 보편입법이 결정한다. 이것이 〈정의 6〉이다. 보편입법이 결정되지 않아 이 체계에 메타로 주

어지지 않으면 안과 밖 자유의 구분도, 공과 사의 구분도 없다.

4. 문제는 사적영역과 공적영역을 최종적으로 가르는 것이 보편입법이고 자유의 자기입법의 메타가 보편입법인데 보편입법은 어떻게 결정되는가이다. 앞서 법부자유는 C = C(S)(S)의 자폐적 자기완결 자기조회의 자유였다. 이것을 보편입법 K로 분할한 C = K(S)와 K = C(S)를 재합성하면 K = K(S)(S)가 된다. 보편입법 역시 자폐적 자기완결 자기조회 구조이다. 결정되지 않는다.

$$K = K(S) \rightarrow K = K(S)(S) \quad K = C(S)$$
$$C = K(S) \quad C = C(S)(S) \rightarrow C = C(S)$$

법부자유 C(S)의 메타가 되는 보편입법 K에도 그 결정을 위해서는 메타가 필요하다. 그것은 보편입법 밖에서 구해야 한다. 그 메타 = 숨은 변수는 무엇인가? 그러한 숨은 변수가 있기는 있는가? 없다면 헌법은 작심삼일처럼 임의적 임기응변에 지나지 않는다. 질문의 대답은 III권으로 유보되지만 보편입법을 어떻게 결정하느냐에 따라 법부자유 C(S)와 사적자유 F(S)의 범위가 달라진다는 뜻이다. 자유에 가해지는 위협이 바로 보편입법의 결정형식에 달려 있다.

5. 앞서 예로 들은 신의 존재는 이성이 증명하지 못하지만 인식할 수 없는 것을 인식하는 이성이 추론하는 초월세계 존재의 하나였다. 경험세계 밖의 존재를 경험세계의 최초 원인으로 삼았다. 마찬가지 이

치로 증명가능 밖 자유를 보편입법의 초기조건으로 삼을 수 있을 것이다. 달리 표현하면 앞서 자유는 증명할 수 없기에 추론할 수 있을 뿐이라고 전제했으므로 증명 밖 자유는 초월세계의 자유이고, 증명가능 안 자유는 이미 경험세계의 자유이다. 따라서 초월세계 자유가 경험세계 자유의 메타가 될 수 있을 것이다.

다시 강조하면 앞서 언급했듯이 분리되지 않은 일체형의 야누스 자유는 일부를 그 안에 법부자유로 내생화 시키고 나머지 자유를 무한대 밖에 남겨두어 변수변환의 메타로 삼아 그 메타에 의해 보편입법이 결정되는데 숨은 변수 역할을 할 수 있을지 모른다. 앞서의 인용을 빌리면 “유한을 통해 확인되는 무한”이 역으로 유한을 결정하는 메타가 될 수 있다. 자유의 법칙에서 보편입법을 결정하는 입법의 법칙이 발견될 실마리가 숨어 있을지 모른다.

예를 들면 나는 생각한다는 사실을 생각하는 사실을 생각하는 …∞ 무한대 속에서도 생각은 여하튼 결정된다. 그 결정이 메타가 없는 임의의 임기응변일수도 있고 메타가 있는 자기입법일 수도 있다. 자기입법의 메타는 하나의 가능성이다. 이것이 〈보조정리 4〉의 숨은 변수이다.

6. 제1장을 요약하면 자유의 법칙은 1) 참 2) 무모순 3) 무제약 4) 일관성 5) 비결정성 6) 불완전성의 중첩형식이다. 복음서의 “진리가 너희를 자유하게 하리라”도 [자유 = 참]을 가르친다. 이 자유의 법칙은 다음 장의 입법법칙의 기초가 된다.

제 2 장

입법의 법칙

전범

1. 자기입법은 자유의 법칙을 추론하는 이성의 능력이다. 곧 이성이 자유의 법칙을 입법한 실재가 자기입법이다. 법은 자유의 법칙의 연역이며 번역이다. 역으로 말하면 법칙으로써 보편입법의 전범이 자유의 법칙이다.

명제 1: 자유의 법칙이 보편입법법칙의 전범이다.

이 명제에서 전반부 자유의 법칙은 미시적 개인 차원의 법칙이고 후반부 보편입법법칙은 거시적 입법부 차원의 법칙이다. 〈명제 1〉에는 미시차원과 거시차원을 연결하는 고리가 존재하지 않는다. 예를 들면 자유의 법칙은 이미 본대로 연산법칙이다. 보편입법법칙도 연산법칙인가? 이 질문을 규명하지 않으면 〈명제 1〉은 성립하지 않는다.

2. 〈정의 5〉의 보편입법은 〈정의 4〉의 개인 이성입법 = 자기입법의 대표가 존재한다는 전제 하에 성립하였다. 보편입법 존재의 결정성을 이해하기 위해서는 개인 이성입법의 결정성을 심층적으로 분석할 필요가 있다. 말을 바꾸면 거시적 보편입법의 기초인 미시적 개인 이성입법의 이해가 필요하다. 그 필요성은 무엇보다 집단의 자유 이전에 개인의 자유가 선행한다는 데에 있다. 집단의 자유는 개인의 자유를 보장하지 못한다. 무엇보다 집단의 자유라는 것이 존재하느냐?

3. 자유는 이성고유의 참된 입법가치이다. 자유롭고 이성적인 개인은 자신의 1인왕국의 사적영역에서 스스로 법칙을 만들고, 스스로 집행하고, 스스로 심사한다. 나는 나의 입법자이고, 나의 집행자이며, 나의 심사자이다. 이 세 능력이 내 안에서 분리되지 않은 일체형의 나는 나의 1인왕국의 사적영역에서 나 이외에 어떠한 사람, 조직, 단체, 이념, 전통, 종교, 명령, 법칙 등에 강제되지 않는다. 나는 나의 1인왕국의 사적영역에서 나의 주인이고, 주권자이고, 독재자이며, 무제약자이다. 내가 원하는 일을 집행하는 나의 적극적인 의지는 나의 자유의 법칙에 복종한다.

공리 2: 나는 나의 복종자. A = A(S)

이것은 〈개인의 공리〉이다. 〈공리 1〉과 〈공리 2〉를 합치면 〈자유로운 개인 공리〉가 된다. 1인왕국에서 나는 A = A(S) = A(L) = A(E) = A(J)이다. 여기서 A는 나, S는 복종자, L은 입법자, E는 집행자, J는 심사자이다. 이것이 나의 동의 없이 남에게 양도될 수도 없고, 할 수도 없는 개인자유의 법칙이다. 양도되는 자유가 있다면 법부자유 정도이고 그 대가가 사적자유의 확보이다. 동의 없는 자유의 양도는 자유의 법칙과 그에서 유래되는 모든 정리와 정의를 무너뜨린다. 자유사회 자체가 존재할 수 없다. 무엇보다 사적자유는 시초이므로 양도할 대상을 찾을 수도 없다. 아래에서 개인자유의 존재가 가설이거나 가정이 아니라 참된 이치(진리)임을 추론한다.

4. 〈공리 2〉의 개인자유도 자폐적 자기완결 자기조회이다. 영어표현도 자기조회가 가능하다.[29] 참된 자유가 정의하는 A = A(S)의 구조는 〈보조정리 2〉에 의해 비결정이다. 이 비결정의 자기조회 구조는 구문으로 바꾼 [나는 나의 복종자]의 비결정 무한대를 시각적으로 이해하는데 도움이 된다. 나는 주어이고 복종은 술어이고 나는 목적어이므로 〈보조정리 1〉에 의해 [나는 나의 복종자 = 나는 나의 복종자 + 나는 나의 복종자가 아님]이 된다. 등호 양변에 공통어간 자기입법을 삽입하면 [나는 나의 자기입법 복종자 = 나는 나의 자기입법 복종자 + 나는 나의 자기입법 복종자가 아님]의 중첩형식이다. 〈공리 2〉의 개인 공리는 야누스 공리이다. 〈그림 1-1〉의 좌측 수직구조처럼 [나-자기입법-나]로 표현할 수 있다.

〈보조정리 1〉에 의하면 〈그림 1-1〉의 좌측은 우측으로 변수변환이 된다. 곧 우측과 비교해 보면 좌측의 구문구조는 목적어가 주어와 같다. 수미쌍관의 비결정이다. 술어의 복종을 가운데에 두고 주어 나와 목적어 나를 연결한 것은 무한대의 원 표시가 된다. 무한대의 원은 좌우가 동일한 회문回文palindrome 구조이다. 자기증식 하는 A(S), $A(S)^2$, …, $A(S)^{\infty}$의 집합은 거꾸로 진행하여 $A(S)^{\infty}$, …, $A(S)^2$을 거쳐 A(S)로 회귀할 수 있다. 이처럼 [나-자기입법-나]의 수미쌍관 구조는 시작점도 끝점도 없는 자폐적 자기완결 자기조회의 무한순환으로 인과도 선후도 결정되지 않는다. 그것은 나에서 시작하여 나로 회귀하는 하나의 원이다. 〈그림 1-1〉의 가운데가 [자유의 원]이다. 자유의 원에서 한 점은 다른 점의 선도 되고 후도 된다. 선후가 없다는 것은 자유가 경험세계 인과법칙을 따르지 않는 초월세계의 존재임을 과시하는 또 하나의 증거이다.

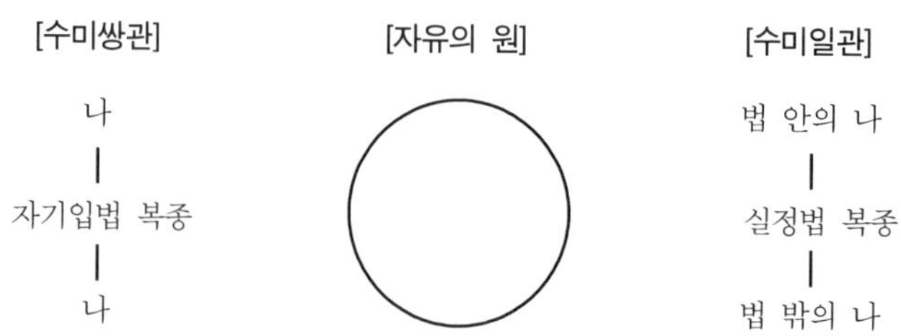

〈그림 1-1〉 두 가지 자기조회의 구문구조

5. 좌측의 나는 일체형의 나이다. 그러나 일체형 [나는 나의 자기입법 복종자]의 수미쌍관은 자폐적 자기완결 자기조회 형식의 바로 그 비결정성 때문에 〈공리 1〉의 [자유는 자유의 시초]가 중첩형식의 〈정의 7〉이 되듯이 〈공리 2〉의 [개인은 개인의 복종자]도 [나 = 법 안 나 + 법 밖 나]의 중첩형식으로 인수분해될 수 있다. 그것이 우측의 수미일관의 개인이다.

〈공리 2〉의 [나는 나의 복종자]는 나의 1인왕국의 안에서만 유효하다. 내가 나라는 존재는 나의 1인왕국의 밖의 인정이 필요하다. 그 밖이란 무엇인가? 앞서 〈보조정리 1〉에 의해 [자유는 자유의 시초 = 법 안의 자유는 자유의 시초 + 법 밖의 자유는 자유의 시초]의 중첩형식이 성립하듯이 〈보조정리 1〉이 [나는 나의 복종자 = 법 안에서 나는 나의 복종자 + 법 밖에서 나는 나의 복종자]의 중첩형식도 성립시킨다. 〈공리 1〉의 [자유는 자유의 시초]를 [자연수는 자연수의 시초]에 비유하면 〈공리 2〉의 나는 자유의 곱셈, 나눗셈, 덧셈법칙의 연산자에 비유될 수 있다. 이때 나의 이성이 연산자이다. 이렇게 나누어진 나를 다시 합산하는 덧셈법칙이 나를 나라고 비로소 정의할 수 있을 것이다.

6. 중첩형식의 공통어미 '나의 복종자'를 소거하면 [나 = 법 안에서 나 + 법 밖에서 나]가 된다. 그렇다면 H = H(S) → H = C + F가 되듯이 A = A(S) → A = C + F가 될 수 있다. 〈그림 1-1〉의 우측이 그것인데 〈그림 1-1〉에서는 법의 복종을 분리하므로 [개인 = 법 안의 개인 + 법 밖의 개인]의 중첩형식이 된다.[30] 자기입법 A = A(S)의 중첩형식 A = C + F의 개인은 자폐적 자기완결 자기조회이지만 안과 밖, 공과 사, 복종과 명령, 객관과 주관, 형식과 의지, 유한과 무한, 증명과 추론, 결정가능과 결정불가능, 고정과 변동의 균형이다. 무엇보다 법 밖의 나는 사적자유의 영역에서 나이다. 이것이 1인왕국의 왕으로써 나의 존재이다. 〈정의 7〉과 비교하면 다음과 같다.

자유 = 법 안 자유 + 법 밖 자유

개인 = 법 안 개인 + 법 밖 개인

이것이 서두의 문장 "자유는 이성적 개인의 입법가치"에서 개인과 자유 사이의 등치 개념이다. 곧 내가 자유이며 자유가 나이다. "진리가 너희를 자유하게 하리라"는 가르침도 [진리 = 자유 = 개인]의 등식이다.

보조정리 5: 나의 정의가 자유의 정의이고, 그 역도 성립한다.
A(S) = H(S).

이것이 자유인의 개념이다. 여기서 중요한 점은 이 동등성 정리에 아무 전제조건이 없다는 사실이다. 자연 상태나 시민사회에서나 자유의 일부가 균일의 법부자유로 전환되는 요구가 내재되어 있다. 다시 말하면 시민사회의 출현은 법부자유와 사적자유의 교환의 요청이라는 뜻이다. 따라서 시민사회의 목적은 자유 이외에는 생각할 수 없다. 이때 법부자유는 제어된 질서의 자유이다. 그 범위는 보편입법의 결정에 달렸다. 보편입법 K란 무엇인가?

7. 〈보조정리 5〉의 [개인 = 자유]의 등치관계는 1인왕국의 개인의 자폐적 자기완결 자기조회 형식 역시 자기증식, 자기분할, 자기합산 등 자유의 3가지 법칙을 따르게 한다.

자기증식

1. 〈공리 2〉의 자폐적 자기완결 자기조회 형식 A = A(S)에서 등호

좌측 A의 정의 A(S)를 등호 우측 A에 대입하면 $A = [A(S)](S) = A(S)^2$가 된다. 1회 자기증식이다. 번역하면 [나는 [나의 복종자]의 복종자]이다. 일반화한 자기증식은 $A = A(S)^N$이고 무한대 자기증식은 $A = A(S)^\infty$이다. 번역하면 [나는 나의 복종자의 복종자의 복종자의 … ∞]가 되어 무한대에서 결정되지 않는다. 자기증식 곱셈법칙은 내 속에 나를 응시하는 내부관망자의 연산법칙이 있을 것이라는 암시이다. 이것이 나의 이성이 성찰을 통해 드러내는 나의 심사자이다. 그러나 그 심사자의 심사는 한이 없다. 증식의 곱셈법칙이다. 외부메타가 없으면 나는 정의되지 않는다.

2. 〈공리 2〉의 진술 Q = [나는 나의 복종자] = [법 안에서 나는 나의 복종자 + 법 밖에서 나는 나의 복종자 = 법 안의 나는 나의 복종자 + 법 밖의 나는 나의 복종자]에서 첫 항과 둘째 항 사이에서 어느 것이 결정되지 않는다. 앞서처럼 공통어미 '나의 복종자'를 생략하여 줄인 것이 [나 = 법 안 나 + 법 밖 나 = C(S) + C(-S) = A]. 나는 중첩형식이므로 〈그림 1-1〉의 좌측에서 [나는 나의 복종자]의 주어 나와 목적어 나는 동일하지 않을 수 있다. 〈그림 1-1〉의 우측처럼 무한순환에서 벗어날 가능성이 있다.

자기분할

1. 앞서 자폐적 자기완결 자기조회 A = A(S)의 1회 자기증식 곱셈

법칙에서 얻은 A = A(S)(S)를 X = A(S)로 나눈 것이 A = X(S)이다. 곱셈 A = A(S)(S)가 X를 만나 A = X(S)와 X = A(S)로 분할되는 나눗셈 법칙이다. 자유의 나눗셈법칙과 곱셈법칙은 동전의 양면이다. 여기서 A = A(S)와 X = A(S)의 비교에서 A ≠ X임에 유의한다. X가 재물이라면 전자의 나는 재물의 복종자이고, 후자에서 재물은 나의 복종자라는 뜻이다. 가령 메타 X가 나의 권력이라면 나의 권력은 A = A(S)를 A = X(S)와 X = A(S)로 분할시킨다. 후자의 부정문은 A = X(-S)이다. 합치면 A = X(S) + X(-S). 나의 권력을 행사하는 나는 나의 권력에 휘둘리지 않는다. 이것이 독립적인 참된 자유의 모습이다.

2. 나의 내부관망의 연산자가 증식한 또 하나의 내가 본래의 나와 함께 외부메타 X의 개입에 의해 내부에서 외부로 모습을 드러나게 하는 것이 자유의 자기분할 나눗셈법칙의 능력이다. X가 가족이라면 나는 가족 X에 복종 A = X(S)하면서 동시에 가족이 나에게 복종 X = A(S)한다. 완전대칭분할이다. 가족의 유무가 밖으로 드러내지 않은 상태가 A = A(S)라면 외부로 드러난 상태가 A = X(S)와 X = A(S)의 자기분할 모습이다. S의 반대가 -S이므로 후자는 A = X(-S)이다. 합성하면 A = X(S) + X(-S)이다. 나는 가족에 복종하면서 동시에 복종하지 않는다. 이것은 자폐적 자기완결 자기조회의 형식이 아니다. 자유의 자기분할 나눗셈 법칙이 중요한 것은 자기증식이 멈추어 자기결정 될 수 있다는 가능성에 있다. 그 자기분할을 가능하게 하는 역할이 메타이다.

3. 자기분할의 나눗셈법칙은 역지사지 법칙이다. A = A(S)의 1회

증식한 A = A(S)(S)를 A'으로 분할하면 A = A'(S)와 A' = A(S)가 된다. 곧 나 A의 메타가 너 A'라면 너 A'와 입장을 바꾼 나 A는 너 A'의 복종자 A = A'(S)인 동시에 입장이 바뀐 너 A'는 나 A에게 복종 A' = A(S)한다. 이 분할은 완전대칭의 역지사지이다.

4. 완전 역지사지는 내가 네가 되고 네가 내가 되는 현상이다. A' = A(S)에 복종자 S의 반대 -S를 사용하면 나 A는 너 A'에게 복종하지 않는다. A = A'(-S). 따라서 나는 나의 복종자 A = A(S)란 나 A는 너 A'에게 복종 A = A'(S)하면서 동시에 너 A'에게 복종하지 않는다는 뜻이다. 마찬가지로 역지사지의 너는 나에게 복종 A' = A(S)하며 동시에 나에게 복종하지 않는다. 서로가 서로의 복종자이며 동시에 복종자가 아닌 나와 네가 완벽하게 일치하는 역지사지이다. 기호로 표현하면 A = A'(S) + A'(-S)이며 동시에 A' = A(S) + A(-S)의 중첩형식이다. (보조정리 1). 완벽의 역지사지는 나와 너의 구분이 없다. 복종이면서 복종이 아닌 상태는 독립 상태이다. 자유가 곧 독립이다.

5. 외나무다리에서 만난 리틀 존에게 메타는 로빈 후드이고, 로빈 후드에게 메타는 리틀 존이다.[31] 완전대칭이므로 서로 위치를 바꾸어도 그 사정은 변하지 않는다. 싸워서 완전대칭의 위치가 바뀐 것이 무승부이다. 역지사지의 완전대칭 자기분할은 너와 나의 구분이 없는 비결정의 원인이며 동시에 결과이다. 완전대칭의 역지사지는 뒤에서 등장하는 공정성의 기초이지만 비결정의 원인이 되므로 완전 공정성의 결정(실현)은 불가능하다. 비결정이 결정되려면 완전역지사지에서 조

금이라도 벗어나 부분역지사지가 되어야 한다. 그것이 자기애self-love 이다. 뒤에서 이 의미를 증명한다.

자기합산

1. 〈정의 7〉의 [자유 = 법 안 자유 + 법 밖 자유]를 〈보조정리 5〉를 이용하여 [개인 = 법 안 개인 + 법 밖 개인]로 변수변환 할 수 있다. 이것은 H = C + F = A이다. 여기서 F는 〈정의 3〉에 의해 $F = \delta(S) + \epsilon(S) + \theta(S) + \mu(S) + \cdots\infty$는 다양한 독창성의 합산으로 창조성의 지표이고 이에 대해 C는 질서의 지표이다.

이것을 기하학적으로 표현한 지도가 〈그림 1-2〉이다. 지도의 가로축 X는 미지의 불확실성에 숨겨져 발견발명으로 발현되기를 기대하는 자유의 창의성을, 세로축 Y는 미지의 불확실성을 안정적이고 예측 가능하게 대처하는 자유의 질서를 측정한다. 연산법칙의 결과인 창의성은 밖의 자유이고 질서는 안의 자유이다. 법부자유는 창조성 보다 질서가 상대적으로 큰 좌표 C로, 사적자유는 질서 보다 창조성이 상대적으로 큰 좌표 F로 표시된다. 두 좌표의 합산이 원형자유의 좌표 H이다.

〈공리 2〉의 1인왕국 사적영역의 나 A = A(S)는 원점이다. 자기증식은 하나의 점 A = A(S)를 무한대 점의 집합 $A = (A(S), A(S)^2, A(S)^3, \cdots \infty)$의 선線으로 확장한다. $A = A(S)^2$가 창의성 X에 의해 A = X(S)와 X = A(S)로 분할하고 그 결과를 재합성하면 자기조회의 X = X(S)가 된다. 창의성의 자기조회 X = X(S)의 무한대 집합 $X = (X(S), X(S)^2, X(S)^3,$

… ∞)도 선線이다. 같은 방식으로 질서 Y에 의한 또 하나의 자기조회 Y = Y(S)의 무한대 집합 Y = (Y(S), $Y(S)^2$, $Y(S)^3$, … ∞)도 선線이다. 〈그림 1-2〉의 창의성 X와 질서 Y의 공간에서 C = C(S)와 F = F(S)의 이항합산은 H = C(S) + F(S)이다.

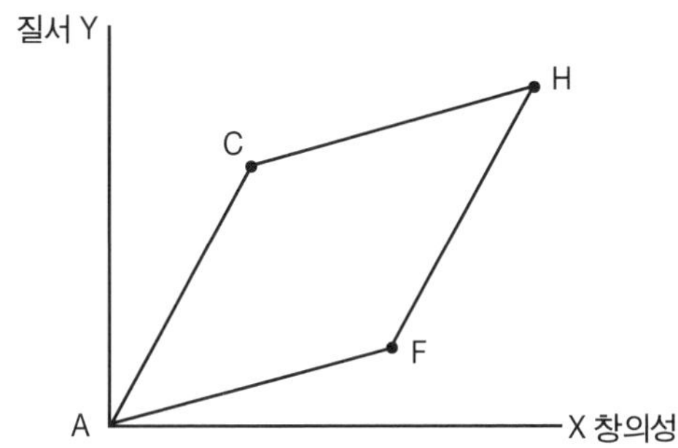

〈그림 1-2〉 자유의 좌표

2. 〈그림 1-2〉에서 법부자유 좌표 C = C(S)의 상한이 의도적으로 유한하게 표현되었다. 사적자유 좌표 F = F(S)의 상한은 무한하다. 다만 시간만이 제한한다. 자기합산된 원형자유 H도 무한하다. 법부자유는 공적영역에서 질서가 목표이고, 사적자유는 사적영역에서 창의성이 목표이다. 법부자유의 질서는 법이 요구하는 제약이고 사적자유의 창조성은 다양성이 요구하는 독창성의 합성에서 발현한다. 창조성과 질서 사이의 균형의 대표적인 예가 특허제도이다.

3. 〈공리 2〉의 [나는 나의 복종자]가 자유로 분할하면 [나는 자유의

복종자]이며 동시에 [자유는 나의 복종자]이다. 여기서도 〈보조정리 5〉의 [자유 = 나]의 등식이 성립한다. 이것을 나로 합성하면 [자유는 자유의 복종자]가 된다. 기호표현은 다음과 같다.

A = A(S) → A = H(S)(S)　　A = H(S)

H = A(S)　　H = H(S)(S) ← H = H(S)

대각선 밖은 대각선 안의 역지사지 분할이다. 자유의 곱셈법칙과 나눗셈법칙의 결과인 이 행렬에서 H와 A는 쌍방향이다. 선후가 없고 시작이 끝이고 끝이 시작이다. 인과가 없다. 나 A = A(S)의 내부관망자인 자기심사가 1회 증식시킨 나 A = A(S)(S)를 원형자유 H가 A = H(S)와 H = A(S)로 분할하고 다시 합성한 원형자유 H = H(S)가 거꾸로 나 A = A(S)를 합성하는 동등함을 보이고 있다. 이 과정에서 자연상태의 내부자유 A(S)가 외부자유 H(S)와 일치함을 보인다.

4. 나는 나의 복종자 A = A(S)에서 나의 복종의 대상은 자기입법, 국가, 사회, 단체, 전통, 제도, 윤리, 종교 등을 거론할 수 있다. 그 가운데 하나가 자기입법을 따르는 나 자신이다. 주어와 목적어를 교체하면 A = A(-S)이다. 따라서 나는 나의 복종자와 동시에 복종자가 아니다. 뒤집어 말해서 나 A는 나의 복종자 S에서 나의 주인 M의 변수변환으로 A = A(-S) = A(M)과 동일 표현이 성립한다. A = A(M)의 자기분할은 A = H(M)와 H = A(M)인데 후자가 A = H(-M) = H(S)이므로 합성하면 나 A는 자유 H의 복종자 S인 동시에 자유 H의 주인 M이 되

는 쌍방향의 이중구조duality임을 보인다. 부호로 표현하면 A = H(S) + H(M)의 중첩형식이다. 앞의 표가 자기조회의 본원형식임에 대하여 아래 표는 자기조회의 쌍대형식이다. 본원형식에서 쌍대형식의 변수 변환이다.

A = A(M) → A = A(M)(M)	A = H(M)
H = A(M)	H = H(M)(M) ← H = H(M)

나와 천부자유는 동어반복이며 동전의 앞뒤 관계이다. H = A. 자유의 법칙이 곧 개인의 법칙이다. 서두에 자유를 정의함에 있어 자유 자체 보다 나의 "이성고유의 참된 입법가치"로 정의한 〈공리 2〉의 근거이다. 곧 "자유는 이성적 개인의 입법가치"에서 개인과 자유는 등치 개념이다. 〈보조정리 5〉이다.

가치

1. 자유의 법칙에서 중요한 점은 자기증식, 자기분할, 자기합산이 모두 비용을 발생시킨다는 점이다. 자기분할 나눗셈에 의해 원형자유의 일부가 법부자유로 전환되면 법체계의 제정과 유지에 비용이 발생한다. 자유가 공짜가 아닌 이유이다. 자유는 가격을 갖는다. 서두에 자유가 "이성고유의 입법가치"라고 정의할 때 '가치'가 가격의 기원이고 자유가 입법가치인 한 가치도 자유처럼 스스로가 기원이다. 곧 가

치는 모집단population의 희소성지표이고 가격은 표본sample의 가치이다.

2. 사적자유 F의 모집단은 무한대이다. 그 가치는 주관적이다. 그 가치는 객관적으로 증명할 수 없으므로 알려지지 않는다. 유한한 표본의 법부자유 C의 희소성지표로 추론inference할 수밖에 없다. 그것이 주관적 가치를 객관적 가격으로 바꾼다. 가치의 측면에서 보아 〈정의 2〉에서 C는 자유의 표본이 증명할 수 있는 자유이고 F는 자유의 모집단이 증명할 수 없는 자유이다.

자유 = 법 안 자유 + 법 밖 자유

가치 = 객관적 가격 + 주관적 가치

이로써 "자유가 이성고유의 참된 입법가치"라는 정의의 의미가 모두 해설되었다. 마지막으로 법 밖의 자유 곧 사적자유가 보편입법의 결정에 숨은 변수라면 그것은 곧 주관적 가치가 숨은 변수가 될 수 있음을 암시한다.

3. 자유가 가격을 가지므로 C를 분할과 합산 비용Cost로 해석할 수 있다. 사적영역의 나는 시장에서 가격수용자 P(S)와 가격결정자 P(M)로 분할된다. 그리고 그 분할은 다시 나를 하나로 합산 A = P(S) + P(M) = P(S) + P(-S)하지만 시장조직은 공짜가 아니며 시장의 참여 역시 비용이다. 그 발생비용 C의 일부는 나의 몫이다. 나는 비용의 주체이다. 나는 비용 측면의 나이다. 줄이면 [나는 비용의 나]이다. 기호로

A = C(A). 따라서 C(A) = C(S) + C(M)이고 비용 = 가격이므로 P(A) = P(S) + P(M)와 동일한 표현이다.(II권에서 상술).

윤리

1. 〈정의 1〉은 [자유 = 제약된 자유 + 무제약 자유]이다. 전자는 자연의 인과법칙에 제약되는 자유이고 후자는 자연의 인과법칙에서 자유로운 자유이다. 전자는 법이 정하는 법부자유이고 후자는 윤리가 발견되는 자유이다. 사람의 행위는 행성처럼 자연의 인과법칙에 의해서만 설명되지 않는다. 자연의 인과법칙뿐만 아니라 자유의 시초법칙에도 따른다. 자연과 대립되지 않는 자유의 이념은 자유 의지의 개념이다. 곧 이성의 개념이다. 제약의 자유는 법을 어기면 벌을 받는 인과의 법부자유이다. 무제약 자유는 인과관계의 법 밖의 사적자유이다. 자발적 자생적 자유의 법칙이 지배하는 인과의 법칙이 미치지 못하는 성역이다. [자유 = 인과의 자유 + 자발적 자유]이다. 이곳에서는 스스로의 자기입법이 행위를 결정한다. 그 자기입법이 개인윤리이다. 사적자유의 준칙이다. 윤리법칙은 자연으로부터 자유로우며 자연의 일부인 자신의 욕구로부터 독립적이다. 그러므로 〈정의 1〉의 무제약 자유는 [개인입법 = 자기입법 + 자기입법 아님 = 개인윤리 + 개인정의]로 표현할 수 있다. 개인윤리는 개인의 무제약 자유를 결정하는 숨은 변수이면서 실정법을 결정하는데 필요조건으로써 숨은 변수도 된다.

2. 숨은 변수인 주관적 가치가 법 밖의 자유 F와 등치인데 윤리의 세계와 관계된다. 그것은 〈보조정리 1〉로부터 자유의 자기조회 형식이 모순이어서는 안 된다는 윤리관이 유도될 수 있다. 〈보조정리 1〉에 의하면 형식논리가 참된 곧 무모순이면 불완전이고 모순이면 완전이었다.

경험세계의 진술은 긍정, 부정, 비결정의 세 가지 가운데 하나이다. 긍정도 아니고 부정도 아니라면 결정불가능일 수밖에 없다. 〈보조정리 1〉은 긍정과 부정이 동시에 존재하는 무모순의 비결정이다. 모순이거나 거짓이 아니다. 거짓은 무엇이던지 원하는 대로 긍정과 부정을 이끌어 내는 완전일 수 있기 때문이다. 〈보조정리 1〉에 속하는 자유의 법칙(정의 1-정의 8)은 모두 가능형식과 불가능형식의 혼합형 H = C + F로 구성되어 있다. 가능형식이 법의 형식이라면 불가능형식이 윤리와 관계한다.

3. A = A(S)가 거짓이라고 하자. 그러면 그의 부정문 A = A(-S)가 참이 되어야 한다. 참이 되는 이 문장을 주어와 목적어의 위치를 바꾸면 A = A(S)가 되는데 이것은 A = A(S)가 거짓이라는 전제와 모순이다. 이번에는 A = A(S)가 참이라고 하자. 그러면 그의 부정문 A = A(-S)가 거짓이다. 주어와 목적어 위치를 바꾸면 A = A(S)가 거짓이 되는데 전제와 모순이다. 종합하면 A = A(S)는 거짓이면서 참이다. A = A(S)는 증명불가능이다. 앞서와 같은 기호를 사용하면 Q = [A = A(S)]이므로 [Q는 증명불가능]이다. 이것은 여러 증명단계를 거쳐 [[Q는 증명불가능]은 증명불가능]이 됨을 앞서 보았다. Q가 증명불가능이라는

것을 증명했으니 A = A(S)는 참이어야 한다.

4. 모순은 거짓의 한 특성이다. 거짓의 일관된 자기조회란 무한순환의 거짓을 의미하는데 그러한 진술은 불가능하다. 자유의 자기조회란 연속적 증식과 분할의 시초인데 그 시초에 참을 요구하는 필연성은 거짓의 자기조회는 거짓의 무제약 무한대를 낳고 언젠가 상호모순을 일으켜 전체가 거짓임이 발각되기 때문이다. 거짓은 무엇이든지 원하는 결과를 마음대로 얻을 수 있는 혼돈이며 무질서로 자유의 자기법칙과 배치된다.

같은 언론(표현)의 자유라도 거짓언론(표현)의 자유는 자유의 영역에 속할 수 없다. 언론은 시대의 증언이다. 자기조회의 거짓증언은 증언에 속하지 못한다. 하나의 역사적 사건을 예로 들어본다. 러시아 혁명으로 황제 일가가 모두 총살당했다. 얼마 지나지 않아 유럽에 자신이 그 총살현장에서 유일하게 살아남은 막내 황녀 아나스타샤(Anastasia)라고 주장하는 여인이 나타났다. 문제는 그녀가 '자신의 논리체계에서 자신이 아나스타샤라고 스스로' 아무리 증언해도 '참이다, 참 아니다'를 판단할 수 없다는 점이다. 그 이유는 자신이 아나스타샤라고 주장하는 여인들이 많이 출현했다는데 있다. [아나스타샤는 아나스타샤의 증인]은 자기조회 문장이지만 가짜가 많았다는 것은 같은 자기조회 구조라도 그 문장이 모순과 거짓인 경우에는 무엇이든 원하는 바대로 수많은 가짜를 낳게 되므로 참이 될 수 없을 뿐만 아니라 결정불가능이다. 이 사건에 대한 법원의 판결도 긍정 또는 부정으로 증명할 수 없음으로 거짓을 제외하였다. 배중률의 예외로 증명불가능이며 결정불가능이다. 이처럼 자유의 법칙은 참/참아님에서 거짓이 배제되는 참의 긍정/부정/결정불가능의 차원이다.

5. H = C + F에서 가능형식 C가 법의 형식이라면 불가능형식 F가 윤리와 관계함을 보았다. 이 두 가지 형식의 구분을 결정하는 원리가 개인의 사적자유 확보를 결정한다. 법과 윤리는 구별되지만 법의 결정이 곧 윤리형식의 결정이고 그 역도 성립한다. 순수 윤리형식 결정이 불가능하듯이 순수 법 형식 결정도 불가능하다. 켈젠(Kelsen 1934)의 순수법학은 이 유기적 관련이 무시되어 그의 순수법학은 비결정성의 문제에 봉착하였다.[32] 이에 대해 슈미트(Schmitt 1923)의 법학은 가톨릭 색채를 지나치게 강조하여 종교와 법의 구분이 불가능한 비결정이 되었다.[33] 비결정은 언제나 임의적 임시변통을 요구하게 된다. 그것이 독재이다. II권에서 상술한다.

6. 자유에 윤리관이 중요한 이유 가운데 하나가 자기심사이다. 앞서 본 대로 [나는 나의 복종자]에서 쌍방향 중첩형식임이 드러났다. 내 스스로 나의 입법을 가능하게 해주는 나의 의지가 나의 자유의 증거이다. 자유는 의지를 낳고 의지는 행위를 낳는다. 그 결과 의지는 입법으로 표현되고 집행으로 행사된다. 그 의지의 힘이 내 스스로 집행자가 되도록 만든다. 여기에 무모순의 자기조회에 내재된 윤리적인 힘이 가세하여 나 스스로 자기심사 하도록 한다. 자기심사에는 두 종류가 있다.

첫째, 마주보는 거울의 반복조회처럼 스스로의 자기성찰로 자기입법이란 것이 독선인지 아닌지 내부관망자가 자기심사를 반복하는 일이다. 이 경우에는 반복되는 자기심사가 무한대이므로 〈보조정리 2〉에 의해 자기집행이 결정되지 않는다. 내부관망자가 자기증식 A = A(S)(S)를 무한하게 만든다. 이것은 외부관망자가 없는 내부관망자만으로 자기분할을 설명할 수 있다. 예를 들어 앞서 본 대로 나는 나의 사적영역의 내부관망자인 자유의 주인 A = F(M)이며 동시에 복종자 A = F(S)이다. 전자의 본원표현은 F = A(S)이다. 합성하면 A = A(S)(S)와 F = F(S)(S)가 되어 무한대의 시작이다. 자유 F가 역지사지를 대칭으로 만든다. 문제는 F의 무한성을 유지하며 A를 고유하게 정의하는 일이다.

둘째, 자기집행이 무한집합이라는 것은 실행으로 옮기기 어렵다는 뜻이다. 마주보는 거울에 되비치는 나의 모습이 작아지지 않고 무한하게 동일하다. 자기분할이 무한인 것은 자기조회 A = A(S)의 자기증식 A = A(S)(S)가 일으키는 자기분할 A = C(S)와 C = A(S)이 완전대칭의 역지사지이기 때문이다. 그러나 한쪽이 완전복종 S일 때 다른 쪽이 부분복종 S*이 되는 비대칭 경우가 발생할 수 있다. 예를 들어 내 속의 이성은 감성을 견제 C하는데 감성은 이성을 같은 정도로 견제할 수 없어 부분 견제 C*하는 경우이다. 곧 A = C(S*)이지만 C = A(S)이다. 그 결과 자기조회 구조에 대칭이 비대칭으로 변하여 A = A(S)(S*)와 C = C(S*)(S)가 되어 무한집합의 자기증식이 멈추고 자기집행이 결정된다. 나의 내부의 편파적인 관망자가 분할의 역지사지를 비대칭으로 만든다. 뒤에서 보듯이 비대칭의 부분역지사지가 자유의 법칙에 중요하다. 대칭의 완전역지사지는 공기저항이 없는 곳의 낙하법칙에 비유되고 비대칭의 부분역지사지는 공기저항이 있는 곳의 낙하법칙에 비유될 수 있다.

숨은 손

1. 결국 자유의 정의는 그의 자기조회 A = A(S)의 특성에 힘입어 C와 F의 두 가지 형식으로 자기분할 함은 앞서 본 대로이다. 보편입법 내부의 법부자유 A = C(S)와 보편입법 외부의 사적자유 A = F(S)이다. 이 보편입법 하에 안과 밖 = 사와 공의 자유 사이의 교환을 가능하게 해주는 것이 헌법과 그에 의해 구성되는 정치기구이다. 그 이상 남는 자유는 보편입법 '밖'에 사적자유의 영역이다. 무제약 무한대 원형자유 H는 보편입법의 위임 안 법부자유 C와 위임 밖 사적자유 F로 분할된다.

여기서 보편입법에 위임하지 않은 사적자유 A = F(S)는 여전히 개인 소유로 무제약 무한대이다. 이 영역 안에서 그는 독재자이다. 보편입법 보다 상위법은 없으므로 무한 반복하는 자기조회에서 그 이상은 현실의 법체계에 속하지 않는다. 이때 법부자유 A = C(S)의 범위는 보편입법에 의해 결정된다. 곧 법부자유 A = C(S)와 사적자유 A = F(S)의 영역구분은 보편입법이 결정한다. 이것이 〈정의 5〉이다. 보편입법이 주어지지 않으면 안과 밖 = 사와 공 자유의 구분도 없다. 다른 말로 표현하면 보편입법이 자유롭고 이성적인 개인에게 행동지침의 메타가 되라는 자기명령이 가능하다.

너의 자기입법이 보편입법에 맞도록 그렇게 자기조회하며 스스로 집행하라.

여기서 자기입법이 자유의 법칙이고, 이 자기입법의 내용을 자기 심사로 보편입법에 맞게 집행하는 것이 자기집행이다. 이것이 자유롭고 이성적인 개인이 스스로에게 내리는 자기지시이고 이에 따르는 것이 자기복종이다. 지시는 명령이다. 연산법칙이 그 형식체계이다. 그러나 보편입법이란 존재하는가? 여기서 보편적 도덕법칙을 기준으로 삼은 칸트(Kant 1797)의 정언명령과 비교가 흥미롭다.

너의 행위준칙이 보편적 법칙이 되어야 하듯이 그렇게 행위하라.

2. 문제는 사적영역과 공적영역을 최종적으로 가르는 것이 보편입법이며 자유인의 자기입법의 메타가 보편입법인데 보편입법은 어떻게 결정되는가? 개인 A는 법 안에서 정의되고, 법 C는 보편입법 안에서 정의된다. 보편입법 K는 무엇의 안에서 정의되는가? 기호표현으로 A → C → K → ?? 보편입법이 국민의 대의정치에 의해 정의되는 국민주권제도에서는 A → C → K → 대의. 그러나 대의란 것이 존재하느냐? 존재하면 대의가 자신의 존재를 결정하는 국민 A를 정의하므로 A → C → K → 대의 → A는 무한순환 원의 함정에 빠지고 존재하지 않는다면 국민주권제도도 존재하지 않게 된다.

여기에 숨은 변수변환 가운데 최후의 숨은 변수의 필요성이 대두된다. 그것을 숨은 손이라 부르겠다. 그러므로 이 관계는 다음이 되어야 한다. A → C → K → 대의 → 숨은 손. 숨은 손은 경험세계의 인과관계와 독립이어야 한다. 그 자체로 시초이어야 한다.

3. 앞서 법부자유는 C = C(S)(S)의 자폐적 자기완결 자기조회의 자유였다. 이것을 보편입법 K로 분할한 C = K(S)와 K = C(S)를 재합성하면 K = K(S)(S)가 된다. 보편입법 역시 자폐적 자기완결 자기조회 구조이다. 결정되지 않는다. 보편입법이 비결정이면 법도 비결정이 되고 개인의 법적지위도 결정되지 않는다. 같은 자연인이라도 어느 나라에서 사느냐에 따라 법적지위가 달라지는 이치이다.

법부자유 A = C(S)의 메타가 되는 보편입법 K에도 메타가 필요하다. 그것은 보편입법 밖에서 구해야 한다. 그 메타는 무엇인가? 이 질문의 대답은 III권으로 유보되지만 보편입법을 어떻게 결정하느냐에 따라 법부자유 C(S)와 사적자유 F(S)의 범위가 달라진다는 뜻이다. 자유에 가해지는 위협이 바로 보편입법의 결정방법에 달려 있다. 그 보편입법을 결정하는 최후의 보루가 숨은 손이다. III권(헌법의 원리)의 주제이다.

세 가지 시초의 입법체계

1. 입법법칙의 구체적인 내용을 전개하기 전에 〈그림 1-3〉의 세 가지 시초에 기초한 입법/정치체제의 비교가 〈명제 1〉의 의미를 일별하는데 도움이 될 수 있다. 이 가운데 세 번째 입법/정치체제에서 자유가 입법의 메타가 되는 것은 〈공리 1〉과 〈정의 7〉의 합이다.

[신은 신의 시초]	[영혼은 영혼의 시초]	[자유는 자유의 시초]
신	영혼	자유
왕(법 밖의 존재)	나	법 밖의 나[개인]
입법	복종	입법
신민(법 안의 존재)	영혼	법 안의 나[시민]

〈그림 1-3〉 세 가지 시초의 입법/정치체제

세 가지 입법/정치체제는 모두 머리를 시초에 두고 있다. 경험세계는 그 결정을 위해서 시초가 필요하다. 법체계는 헌법이라는 정점을 가진 입법질서이다. 정점의 헌법도 그 결정을 위해서 마땅히 그 이상의 존재에 시초를 두어야 하는데 경험세계에서는 찾을 수 없다. 그 이유는 헌법 위의 존재가 있다하여도 그 역시 결정을 위해서는 그 위의 존재가 있어야 하기 때문이다. 그 존재 위의 존재도 마찬가지이다. 이것은 계속되어 최후에는 경험세계를 뛰어 넘는 존재를 필요로 하게 된다. 말을 바꾸면 [헌법은 헌법의 시초]가 자폐적 자기완결 자기조회의 비결정이 되지 않으려면 헌법 너머, 밖에 시초가 필요하다. 그것이 칸트가 말한 대로 초월세계의 신, 영혼, 그리고 자유 가운데 하나이다.

2. 오래 동안 왕권신수 군주제에는 [나는 나의 시초]인 신이 국가법체계 '밖'의 시초였다. 국가체제가 왕권에서 국민주권으로 전환되면서 정교분리 하 입법체계 밖의 시초로써 신의 역할은 끝났다. 신을 대

신할 시초는 영혼 이외에 [자유는 자유의 시초] 밖에 없다.

왕권신수 군주제의 [신 - 왕 - 헌법 - 신민]은 자기조회 형식이 아니며 시작과 끝이 다르므로 무한순환하지 않는다. 왕의 상위에는 [나는 나의 시초]인 신이 있지만 왕이 법 위에 있다면 비상시에 왕은 법의 보호를 받을 수 없다는 명분을 제공하게 되는 위험성이 있다. 이보다 더 근본적인 결점은 사람 위에 사람이 있는 체제이다.

플라톤 이데아의 [영혼 - 나 - 복종 - 영혼]은 자폐적 자기완결 자기조회의 영혼불멸의 세계이고 영혼을 가진 생은 무한순환 한다. 플라톤은 독재를 옹호했다. 그것만이 그의 체제가 세속의 무한순환의 결정불가능에서 풀려나게 한다.

국민주권체제 하에 나는 입법의 주체이며 대상이다. [나 - 입법 - 나]는 자폐적 자기완결 자기조회이며 무한순환의 비결정을 피하지 못한다. 시작과 끝이 동일하다. 국민주권체제야말로 시초가 필요하다. 그 시초는 [나는 나의 시초]의 신처럼 초월세계 시초의 존재일 수밖에 없다. 그것이 신의 정의와 병행할 수 있는 초월세계의 [자유는 자유의 시초]의 자유의 법칙이다. 이것이 〈공리 1〉이다. 자유의 법칙의 중요성은 〈공리 2〉의 [나-입법-나]의 자기조회의 무한순환구조의 어딘가에 자유의 시초를 쐐기로 박아 무한순환의 비결정구조를 결정형식으로 전환시키려는 시도에 있다. 그렇지 않으면 그 쐐기 자리를 독재자가 차지한다.

〈공리 1〉과 〈공리 2〉의 결합인 〈자유로운 개인〉은 단순결합이다. 그러므로 비결정의 [자유는 자유의 시초]와 비결정의 [나는 나의 입법자]의 단순결합 [자유-나-입법-나]도 무한순환의 비결정임은 여전하다.

이 단순결합의 비결정은 $A = A(S)^N$의 시작이 되는 $A = A(S)^0 = A$가 보여준다. 이것은 [나는 나의 입법자]의 기원이 [나는 나다]임을 드러내어 사실상 시나이 산의 여호와가 자신을 [나는 나다]라고 일컬은 것과 구조가 같다. [자유는 자유의 시초]와 [나는 나다]의 결합은 두 시초가 결합한 또 하나의 시초에 불과하다. 〈공리 1〉과 〈공리 2〉의 단순결합만으로는 입법체제결정이 불가능하다. 따라서 〈공리 2〉 대신 〈정의 7〉에서 둘로 나뉜 체계 안의 시민과 체계 밖의 개인에서 해결의 실마리를 찾아야 한다. 신이 체계 밖에 있듯이 체계 밖 개인의 존재이다. 그것이 〈그림 1-3〉의 마지막 체계이다. III권(헌법의 원리)이 논의한다.

3. 자유의 법칙인 1인왕국의 입법법칙이 사회로 확장되면 사회의 입법법칙도 자유의 법칙이 될 수밖에 없다는 것이 〈명제 1〉이다. 달리 말하면 신, 영혼, 자유 가운데 신과 영혼을 배제하면 입법법칙의 전범은 자유의 법칙뿐이다. 그의 구체적 표현이 〈명제 1〉을 구성하는 비결정구조의 〈공리 1〉에서 유도된 (정의 1-정의 8)의 $H = C + F$의 자유의 법칙이다. 그러나 비결정구조에서 유도된 $H = C + F$ 역시 C와 F의 안과 밖의 이분법원리가 비결정이다. 자유의 영역은 마땅히 무제한이고 입법의 영역은 마땅히 제한적이기 때문이다. 여기서 공적영역 C와 사적영역 F를 가르는 경계에 입법법칙이 있다. 사적영역은 1인왕국의 입법질서이고 공적영역은 공동사회의 입법질서이다. 그 공과 사의 경계를 어떻게 가르는가?

4. 결국 〈공리 1〉과 〈공리 2〉의 비결정구조가 자유의 형식을 무제

한 양산하고 그것의 비결정성을 그대로 이어받은 안과 밖 경계 구분이 입법질서의 비결정이 되는 것을 막으면 된다. 우리가 원하는 것은 사적자유를 보장하는 입법질서의 결정이다. 뒤집어 말하면 입법질서 결정 안과 밖에서 개인자유의 확보이다. 이것이 〈정의 7〉이고 그 탐구의 출발점이 여섯 가지 입법법칙이다.

입법의 제1법칙

1. 자유의 법칙의 나눗셈법칙은 1인왕국의 자기분할의 역지사지를 사회로 확대시키는 능력을 갖는다. 그것은 A가 자신의 입법법칙만 따르는 것이 아니라 역지사지로 이웃 A'의 입법법칙도 존중하기에 가능하다. 여기서 설명의 편의상 A = A(S)(S)의 A를 사회를 대표하는 가상의 개체라 하자. 가상의 대표 A의 가상입법 K는 그 사회의 표준입법 또는 보편입법이라 할 수 있다. 보편입법 K에 의한 A = A(S)(S)의 자기분할 K = A(S)와 A = K(S)를 다시 K = K(S)(S)로 합성한 것은 역지사지의 K = A'(S)와 A' = K(S)의 2차 자기분할을 일으켜 A' = A'(S)(S)가 된다. 여기서 K = A(S)와 K = A'(S)의 풀이가 모두 무한이므로 각기 서로 다른 풀이 A ≠ A'을 가질 수 있다. 번역하면 보편입법 K는 A에게 복종하고 존중하지만 A'에게도 복종하고 존중한다.

같은 방식으로 A'의 이성입법 k'에 의해 k' = A'(S)와 A' = k'(S)의 3차 역지사지 자기분할이 합성한 k' = k'(S)(S)는 k' = A''(S)와 A'' = k'(S)의 4차 역지사지 자기분할을 거쳐 제3의 개인 A'' = A''(S)(S)가 된다.

이 과정은 계속되어 각 개인 (A', A", …)에 대하여 각각의 이성입법 (k', k",…)이 존재한다.

2. 이성입법에는 비용과 혜택이 발생한다. 무제약의 원형천부자유 H를 제약하는 이성입법 (k', k", …) 그 자체가 입법비용이다. 그 제약에 대한 대가로써 혜택 (m', m", …) 이 존재하지 않으면 개인입법을 할 이유가 없다. 예를 들어 자명종시계로 정해진 시각에 일어나야 하는 자기입법이 귀찮지만 규칙적 근무와 건강의 혜택을 얻는다.

3. 개인(A', A",…)과 자기입법(k', k", …) 사이에 3가지 관계가 가능하다. 첫째, 각 개인이 비용과 혜택을 일치시키는 개인의 입법법칙 m' = k', m" = k", …이다. 각자 기상시간이 다른 자명종에 의지하는 고립된 생활이다. 작심삼일 개인입법은 지켜지기 어렵다.

둘째, 고립된 생활에서 벗어난 사회생활에서 개인입법과 개인입법은 상충될 수 있다. 예를 들면 6시에 기상하는 A'의 자기입법질서 k'와 11시에 기상하는 A"의 자기입법질서 k"의 차이가 공동 작업에 필요한 보편입법질서를 확보할 수 없게 만든다. 개인입법이 어떤 보편입법, 가령 9시에 수렴한다고 가정하고 수렴한 그 어떤 보편입법을 가상의 A의 가상입법 K이라고 정하자. 이것이 모든 개인 (A', A", …)에게 균등하게 적용되는 보편입법 K가 된다. 그러면 보편입법에 대한 개인의 사적균형은 깨져 m' = k' ≠ K, m" = k" ≠ K, … 의 부등호가 된다. 그 결과 다음의 보편입법의 입법법칙이 개인에게 강제된다.

입법의 제1법칙: $\lambda' k' = \lambda'' k'' = \cdots = K$

여기서 $\lambda', \lambda'', \cdots$는 개인의 이성입법 $k', k'', \cdots$을 보편입법 K에 맞추는 개인의 조회계수로써 〈입법의 제1법칙〉은 "너의 이성입법이 보편입법에 맞도록 그렇게 조회하여 자기입법하라"고 읽는다. 예를 들자면 "너의 약한 시력이 운전면허 기준시력에 맞도록 안경을 착용하라." 또는 "너의 출근 시간을 회사업무시간에 맞추어라." 여기서 질문이 생긴다.

입법의 제1법칙의 질문: 보편입법 K는 어떤 원리로 어떻게 결정되는가?

운전기준시력의 결정원리를 묻고 있다. 그것은 의학계의 소견일 수 있다. 이것이 보편입법의 메타가 된다. 일단 보편입법이 결정된다면 그것은 모두에게 강제되는 공적재화public goods가 된다. 보편입법이 강제인 것은 공동체의 질서와 안전을 위하여 구성원 스스로 자유의 속박을 인정하기 때문이다. 이른바 합리적 속박이다. 법부자유의 획득이 가져오는 질서를 위하여 원형천부자유의 일부를 포기하는 두 자유 사이의 교환이다. 그러나 〈입법의 제1법칙〉은 개인입법들이 보편입법 K에 수렴한다는 전제 하에서만 성립하는데 보편입법 K는 존재하는가? II권(민주의 원리)의 주제이다.

4. 보편입법 K를 루소(Rousseau 1762)는 국가의 기본법 또는 국법

이라고 불렀다. 폴란드와 코르시카 헌법을 만든 그가 자신이 명명한 국법을 헌법이라 해석하면 헌법에 복종하는 자유 C란 헌법이 정의하는 모든 개인에게 균등히 부여하는 법부자유 C이다. 법부자유 C가 〈정의 5〉의 H = C + F에서 증명가능 안 자유의 예에 해당한다. 나머지 F는 헌법에 복종할 필요가 없으며 거꾸로 헌법이 존중해야할 증명가능 밖의 사적자유의 예가 된다. 그러면 (H' = C + F', H" = C + F", …)이 성립한다. 여기서 (F', F", …)는 개인 (A', A", …)가 원형천부자유의 일부를 입법법칙 하의 법부자유로 위탁하고 스스로에게 남겨진 각자 개성에 따라 서로 다른 다양한 천부의 사적자유이다. 흰색으로 도배할 수 있고 왼손으로 식사할 수 있으며 늦잠 잘 수 있는 자유이다. 치외법권의 영역이며 입법부의 입법금지 구역이다. 결국 자기증식의 개성과 자기분할의 다양성이 자유의 독창성 (F', F", …)으로 발현된다. 이것이 〈정의 5〉이다. 다시 말하면 〈제1의 입법법칙〉 $\lambda' k' = \lambda'' k'' = \cdots = K$의 유래가 자유의 법칙 H = C + F이다. 이것이 〈명제 1〉인데 자유의 법칙 H = C + F에서 C와 F의 구분이 〈입법의 제1법칙〉의 기준인 보편입법 K에 달렸다. 보편입법 K의 정체가 무엇인가?

5. 보편입법 K의 정체를 더욱 캐본다. 〈정의 5〉의 원형천부자유 H(S)를 보편입법 K가 분할시키면 H = K(S)와 H = K(-S)를 얻는다. 전자에서 H는 보편입법 K에 복종하고 후자에서 H를 보편입법 K가 존중한다. H = K(S) + K(-S)의 구분은 보편입법 K의 입법능력 H = C + F이다. 여기서 C가 보편입법 K에 복종하는 자유 C = K(S)이고, F가 보편입법 K가 존중하는 사적자유 F = K(-S)이다. F는 존중받고 C만 복종하

는 것은 보편입법 K의 입법능력의 한계이지만 보편입법 K의 결정원리가 문제이다. 그것이 헌법이라면 이것은 보편입법의 결정원리가 헌법의 결정원리로 이전되는 것뿐이다. 헌법은 무슨 원리로 결정되는가? 헌법을 결정하는 메타 = 숨은 손은 존재하는가? 이것이 〈입법의 제1법칙의 질문〉이다.

6. 〈정의 6〉의 자유의 법칙 H = C + F에서 법부자유 C의 범위 결정이 개인의 자유 확보에 중요함을 보았다. C가 커질수록 통제력이 커지는 리바이어던leviathan에 가깝고, C가 작을수록 무정부사회anarchy에 가까워진다. 법부자유 C라는 공적재화의 범위는 어떻게 결정되는가? 개인에게 공적재화 C에 대한 메타는 두 가지이다. 하나는 정부이고 또 하나는 시장이다. 정부는 개인의 자유가 창출한 인위적 권력/지배기구이고, 시장은 개인의 이기심이 창출한 자연발생의 이익/손실기구이다. 정부는 자폐적 자기완결의 자기조회 구조이고, 시장 역시 자폐적 자기완결의 자기조회 구조이다. 따라서 정부의 권력구조와 시장의 이익구조 공히 비결정이다. 모두의 결정에 메타가 필요하다. 그것이 〈입법의 제1법칙〉에서 보는 대로 보편입법 K 곧 헌법인데 헌법 역시 메타가 필요하다. 개인에게 [법은 나의 결정자]나 법에게 [헌법은 법의 결정자]처럼 헌법에게 [메타는 헌법의 결정자]가 강요되어야 한다. 그렇지 않으면 메타가 없는 헌법에게 [헌법은 헌법의 결정자]의 비결정성이 초래된다. 헌법의 메타 = 숨은 손은 무엇인가?

7. 이상을 다르게 표현할 수 있다. 〈정의 6〉은 〈정의 4〉의 파생이

다. A = A(S)에서 법부자유 C가 나에게 메타가 되어 나 A를 자기분할 시키면 A = C(S)와 C = A(S)로 나뉘면서 법 C 안의 나의 존재가 결정된다. 나는 법에 복종하고 법은 나를 존중한다. 다시 말하면 〈보조정리 1〉에서 자폐적 자기완결 자기조회 구조의 나의 비결정이 나의 밖 메타인 법 C에 의해 결정(정의)된다. 로빈슨 크로스의 기상시간을 결정하는 메타가 자명종이었다. 법이 없으면 내가 정의되지 않고 자명종이 없으면 로빈슨 크로스의 기상시간이 정의되지 않는다.

그러나 나에게 메타가 되는 법 C 그 자체도 결정불가능이라는 문제에 봉착한다. 곧 분할되었던 A = C(S)와 C = A(S)를 A로 합성하면 C = C(S)(S)가 되는 C도 자폐적 자기완결 자기조회의 구조이므로 비결정이 된다. 이것이 절차만 따르면 합법이 되는 임의적 이현령비현령의 법이다. 이를 탈피하여 자기조회에서 벗어난 법이 결정되려면 법에도 메타가 필요하다. 그것이 최상의 법인 헌법 K이다. 헌법 K가 나 A를 국민으로 정의한다. 나의 정체가 자폐적 자기완결의 자기조회 구조에서 벗어나려면 하위 법 C을 거쳐 최종 상위법인 헌법 K이 결정되어야 한다. 헌법의 결정원리는 무엇인가?

8. 지루할 정도로 똑같은 질문이 강조하는 헌법은 정부에 대해 국민이 자유와 권리의 일부를 신탁Trust한 계약서로써 정부권한을 제한하는 조건부신탁이다. "정부는 국민의 신탁Trust이다."[34] 이 신탁은 그 기초가 되는 [국민은 국민의 의사결정자]의 자폐적 자기완결 자기조회의 무한순환으로 결정되지 않는다. 마을에서 주민 모두가 참여하여 어떤 의제를 투표로 결정한다. 직접민주주의이다. 국가에서 국민 모두가 참

여하여 어떤 의제를 결정하기 어렵다. 대표에 의한 결정을 믿고 인정하는 약속이 대의민주주의이다. 대의민주주의의 정치기구가 정부의 입법부이다. [입법부는 입법부의 의사결정자] 역시 자폐적 자기완결 자기조회로 결정되지 않는다. 앞서 〈입법의 제1법칙〉에 전제되었던 가상의 존재 A와 가상의 보편입법 K의 결정문제이다. 개인의 자기입법 k가 집계되어 사회의 보편입법 K로 수렴되는가?

9. 이와 병행하여 또 하나의 신뢰Trust가 시장기구이다. 시장의 신뢰Trust가 문서로 작성된 것은 없다. 모든 시장교환은 자연발생의 사적계약이고 그 사적계약은 신뢰를 바탕에 둔다. 그러나 교환경제는 자폐적 자기완결 자기조회 구조로 재화 사이의 교환비율만 결정하지 재화의 가격은 결정하지 못한다.

10. 예를 들 수 있다. 경매시장에서 낙찰가격은 경매 이전에는 미결정으로 알 수 없었던 재화가격을 참가자 전원의 만장일치로 결정되는 균형가격이다. 그것은 경매시장의 참석자(수요자)와 경매자(공급자) 사이의 수요공급법칙 하에 거듭되는 자기심사에 의해 도달하는 시장의 경쟁균형이다. 화폐경제가 아닌 교환경제에서 경매시장의 경쟁이란 희소자원의 사전에 알지 못하는 균형을 찾아가는 탐색과정이다. 전원 만장일치는 1인의 결정으로 취급할 수 있으므로 자폐적 자기완결 자기조회 A = A(S)의 비결정일 수밖에 없다.

경매시장의 상품가격결정은 화폐가치에 달렸고 화폐가치는 화폐공급량에 의해 결정된다. 이것을 뒤집어 말하면 화폐가 없으면 상품과 상품 사이의 교환비율만 결정되고 개별 상품의 가격은 결정되지 않는다는 것이 교환경제의 가격기구이다. [가격은 가격의 결정자]의 비결정 구조이다. 화폐가 자폐적 자기완결 자기조회 A = A(S)의 가격결정에 메타가 되어 교환경제를 화폐경제로 전환시킨다. 그러면 화폐의 메타는 무엇인가? 그것이 헌법 사항이라면 헌법은 대의가 결정한다. 대의란 존재하는가?

11. 경매에 참가하는 1인왕국의 자기독재자는 가격결정과정을 직접 경험한다. 그러나 대부분의 경우 그렇지 못하다. 백화점에서 물건을 살 때 그 물건의 가격결정과정에 직접 참여하지 못한다. 시장의 가격경쟁을 믿고 사는 것이다. 거대한 시장기구의 작동원리가 신뢰Trust에 바탕을 둔 계약이다. 은행이 좋은 예이다. 예금주로부터 100원을 받은 은행은 1원만 은행에 남긴다. 지급에 대비한 준비금이다. 나머지 99원은 대출이 되어 은행을 떠난다. 모든 예금주가 일시에 예금을 인출하려 하면 은행은 돌려줄 돈이 없다. 그럼에도 예금주들은 은행을 믿고 예금을 한다. 시장기구가 소비자의 신뢰Trust이다. 그러나 신뢰는 깨질 수 있다. 신뢰는 어떻게 결정되는가?

12. 이런 관점에서 문명사회는 믿음Trust에 바탕을 둔 계약조직이다. 하나는 정치기구의 신탁Trust이고 또 하나는 시장기구의 신뢰Trust이다. 정부의 신탁Trust은 보이는 계약이고 시장의 신뢰Trust는 보이지 않는 믿음이다. "믿음은 보이지 않는 것의 증거"라는 기록의 다른 표현 "믿음은 참이지만 증명할 수 없다"가 앞서 "이성은 진리의 증거"의 예

가 된다. 이어서 "믿음은 바라는 것의 실상"이라는 기록은 믿음의 실재를 증언한다. 이것이 신앙Faith이다 신앙의 자유는 헌법 밖에서 참이지만 증명불가능 실재의 가치이다. 이에 대해 정치기구의 Trust는 헌법 안에서 형식화된 증명가능가치이고 시장기구의 Trust는 헌법 밖에서 형식화되지 않은 증명가능가치이다. 신뢰trust = 확률probability + 조건부믿음belief이고, 조건부믿음 = 의심 + 무조건믿음faith이다. 한편 진리truth는 사실fact가 뒷받침되는 믿음belief이다. 곧 진리 = 사실 + 조건부믿음이다. 모두 H = C + F의 형태이다. 신뢰가 참이 되려면 확률이 사실이 되어야 한다.

신뢰가 깨지는 것은 사실이 되지 못하는 확률 때문이다. 특히 보이는 형식의 신탁 표현인 정치기구의 권력에 대한 신뢰가 문제이다. 이것을 어떻게 방지하느냐? 여기서 증명가능 신탁의 예가 대의이다. 그러나 그 신탁의 내용은 누가 어떻게 결정하는가?

13. 이상에서 보았듯이 시장과 정부는 공통적으로 자폐적 자기완결 자기조회의 비결정 구조로 그 결정에 헌법이라는 메타를 필요로 하고 있고, 헌법은 대의라는 메타를 필요로 한다. 그렇다면 대의란 무엇이고 그것은 존재하는가?

14. 시장과 정부의 공통 메타가 헌법이지만 또 하나의 공통메타가 국제관계에서도 발견된다. 시장과 정부는 국내 안의 조직이다. 국내의 메타가 국경 밖으로 확대된 것이 국제시장과 국제정치이다. 하나의 예가 외환시장에서 외환의 교환비율 곧 환율만 결정되지 외환 고유의 가격은

결정되지 않는다. 모든 외환가격은 비결정이다. 예를 들어 1달러 = 1천원이라면 원화 가격은 달러에 의해 설명되지만 달러가격은 설명되지 않는다.

국제관계의 핵심은 통상이다. 국제관계에서 영원한 적도 우방도 없고 다만 이익만이 있다. 외교는 통상의 정치적 능력이다. 이것의 결렬이 전쟁이다. 국내시장의 다툼의 연장이 국제시장의 확보이다. 그러므로 시장과 정부는 시장이라는 하나의 목표를 갖는 서로 다른 조직이다. 외교는 국가의 메타이다. 그러나 외교에게도 메타가 필요하다. 그것의 일부가 헌법이고 일부가 국제법이다. 헌법의 결정원리는 무엇인가?

국내법의 메타가 헌법인 것처럼 헌법 위에 메타가 국제법인가? 아니라면 로빈 후드와 리틀 존이 서로 메타가 되듯이 헌법과 헌법이 서로의 메타가 될 수 있을까? 로빈 후드가 리틀 존의 메타라면 리틀 존의 메타가 비결정이고 반대로 리틀 존의 메타가 로빈 후드라면 로빈 후드의 메타가 비결정이다. 환율처럼 정보 하나가 부족하다. 각국의 헌법의 메타는 비결정이거나 숨은 손이다.

15. 사적영역에서 개인은 무제약 무한대 사적자유를 향유하지만 사적영역이 아닌 공적영역에서는 그 자유가 다른 개인의 무제약 무한대 자유와 충돌하므로 자유의 행사가 제약받아 헌법이 부여하는 법부자유로 바뀐다. 천부자유는 하늘이 부여한 양도할 수 없는 자유이고, 법부자유는 말 그대로 법률, 사람, 제도, 정부, 국가가 부여하는 인위적 자유인 만큼 헌법수정에 따라 주었다 거둘 수 있고, 잃을 수 있으면 얻을 수 있는 자유이다. 따라서 법부자유와 천부자유의 안팎의 구분은 헌법에

달렸는데 이것은 뒤집어 말하면 헌법 밖 사적자유가 가능하려면 헌법의 보호가 필요하다는 의미이다. 그 헌법제정은 무슨 원리에 의하는가?

16. 영국에서는 관습법에 기초하여 법정에서 법관이 법nomos을 제정한다. nomos를 번역하면 법관 자유의 법이다. 미국법체계의 정점인 미국연방헌법은 매디슨(Madison 1789)과 그의 동료들의 작품이지만 백성들의 인준을 받았다. 그런 의미에서 자연발생이 아니라 백성들의 계약에 의한 발명품에 준한다. 후손들은 헌법에 충성을 서약함으로써 계약의 상속자가 된다. 미국법thesis은 연방헌법이 입법부에 부여한 권한에 의해 백성의 대표인 의원들이 제정한다. Thesis를 번역하면 의원 입법의 법. 매디슨과 소수의 동료들이 만들었다 하여 구성주의constructivist 라 하지만,[35] 그 뒤에 백성들이 참가한 절차가 있는 측면에서 보면 계약주의contractarian이다.[36] 이러한 차이임에도 불구하고 법관 자유의 법이나 의원입법의 법이나 둘의 공통점은 자유에 기초하는데 자유의 자폐적 자기완결 자기조회 구조가 그 출현의 설명을 어렵게 한다. 특히 입법의 권한을 부여받은 의원입법의 [입법부는 입법부의 입법자]는 자폐적 자기완결 자기조회 구조로 비결정이다. 그 입법부가 〈입법의 제1법칙〉에 전제가 되었던 가상의 A라면 A의 비결정은 어떻게 결정되는가?

17. 비용 측면에서 보면 법관입법 사법제도와 의원입법 의회제도 모두 비용이다. 법의 집행과 심사에도 비용이 발생한다. 국가는 법과 질서의 조직이다. 현대국가의 정부는 국민생산의 약 4분의 1 이상을

사용하는 경제단위이다. 법의 출현은 혜택이 비용보다 클 때 가능하다. 혜택과 비용 사이에 순혜택의 최대화가 법의 출현의 경제적 원리이다. 그것이 〈입법의 제1법칙〉이 될 수 있다. 그러나 법의 혜택과 비용 또한 비결정임은 II권(민주의 원리)이 상술한다.

18. 자유의 법칙 H = C + F에서 만인에게 평등한 법 C는 자유의 일부분이다.(정의 7) 법 안의 평등isonomia이 가능한 것은 시작이 자기조회의 자유이기 때문이다. 왕권신수설의 법 구조는 자기조회가 아니고, 국민주권설의 법 구조가 자기조회이다. (III권이 상술). 그러나 C = C(S)(S)이므로 〈보조정리 2〉에 의해 법 C는 비결정이다. 질문은 비결정의 C에 의존하는 법 안의 평등의 범위는 어떻게 결정되는가?

19. 앞서 [나]는 [나는 나다]의 준말이며 이것은 다시 [나는 나의 나다]의 준말이라고 말했다. 역시 앞서 소개한 대로 나를 정의하는 것이 법이므로 [나는 법의 나다]가 더 구체적이다. 문자로 표현하면 A = C(A)이다. 종합하면 국민주권에서 A = C(A) = C(S) + C(M)이 된다. 번역하면 법의 나는 법의 복종자이며 법의 주인이다. "법 없이 살 수 없다."는 나를 정의하는 헌법의 결정원리는 무엇인가?

20. 역시 앞서 본 대로 헌법이 국민으로 정의하는 나 A = C(A)는, 헌법에 복종하고 A = C(S) 동시에 헌법 제정에 내가 국민주권자로 참여하는 것이 C = A(S)인데 후자의 쌍대구조 A = C(M)에 의하면 나는 헌법의 주인이다. 합성하면 법의 나는 헌법의 복종자이며 동시에 주인

이다. C(A) = C(S) + C(M). 헌법이 정의하는 나 C(A)는 헌법의 복종자 A = C(S)로써 헌법 안의 존재이고, 헌법의 주인 A = C(M)으로써 헌법 밖의 존재이다. 헌법 밖의 존재로써 내가 헌법의 메타가 될 수 있을까?

21. 헌법의 범위는 유한하여 제한적이다. 무제약 무한대 자기조회 구조 A = A(S)는 헌법에 의해서 법부자유 A = C(S)로 제한된다. 나의 원형자유는 본질상 무제약 무한대이므로 남의 원형자유에 의해 침해당하는 위험에 노출된다. 이를 방지하고 원형자유를 확보하기 위하여 증명불가능의 무제약 무한대 원형천부자유 A = A(S)의 일부를 정부에 신탁하는 행위는 헌법이 정하는 법제화된 증명가능의 법부자유 A = C(S)를 받아들이는 계약이다. 이 계약으로 자유의 일부를 헌법에 신탁하지만 여전히 남는 사적자유가 A = F(S)이다. 자유와 자유의 교환이다. 이 사적자유의 주인 A = F(M)이 헌법 밖에서 헌법의 주인 A = C(M)이다. 헌법 밖의 존재는 메타이다. 그 메타는 자유의 법칙의 소유자이다. 여기에 헌법의 결정원리가 숨겨져 있다. 그것은 무엇인가?

입법의 제2법칙

1. 입법의 법칙이 자유의 법칙에서 유래하였음은 앞서 논증하였다. 그것은 자유의 이성입법의 보편입법이었다. 말을 바꾸면 개인 사이의 상이한 이성입법의 충돌을 조정한 공통의 보편입법이다. 법은 권리의 객관화이고 권리는 법의 주관화이다. 독일어 das Recht와 프랑스

어 le droit는 법이면서 동시에 권리rights이다. 권리는 개인이성의 입법가치 곧 자유와 자유의 충돌에서 조정된 산물이다. 〈그림 1-4〉는 〈그림 1-1〉의 하나의 원에 또 하나의 원이 겹친 모습이다. 겹친 부분이 자유의 충돌 부분이다. 두 원에서 H = C + F가 성립한다. H는 원이고 C는 겹친 공통의 영역이고 F는 각자에게 남겨진 사적자유 영역이다. 곧 권리는 자유의 평등이다.

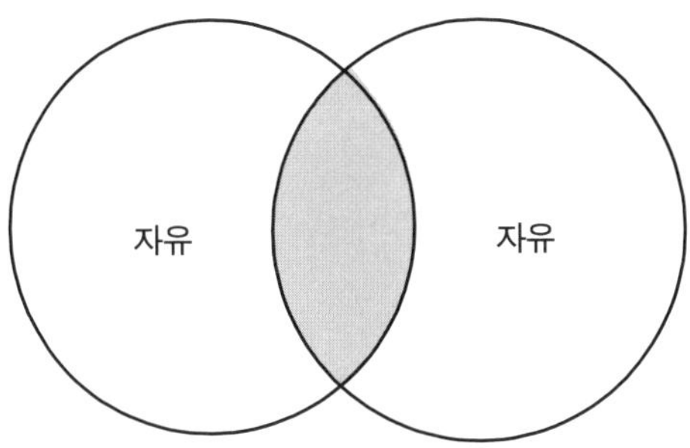

〈그림 1-4〉 권리의 영역

2. 지금까지 자유의 분석은 1인왕국의 자유의 법칙에서 시작하여 여러 형태(정의 1-정의 8)로 진화하였다. 적막강산 자연에 홀로 고립된 로빈슨 크루소에게 자유는 존재한다. 그러나 권리는 존재하지 않는다. 유일의 자유에는 권리가 필요 없다. 그의 이성입법이 곧 보편입법이고 보편입법이 그의 이성입법이 되기 때문이다. 권리는 두 개 이상의 자유와 자유가 충돌할 때 발생한다. 이런 점에서 자유는 절대적이며 권리는 상대적이다. 정의 상 아무도 나의 천부자유를 침해할 자유가 없음에도 타인의 자유가 나의 자유를 침해할 수 있다. 권리는 자유

의 침해에 대한 방어에서 출현한다. 이런 점이 권리와 법 사이에 차이를 만든다. 곧 권리는 제어된 자유의 의미가 강하고 법은 의무의 의미가 강하다.[37]

3. 로빈 후드가 리틀 존을 외나무다리에서 만날 때 서로에게 건너갈 자유가 있다. 로빈 후드의 자유와 리틀 존의 자유의 충돌이 일어난다. 먼저 건너갈 권리가 누구에게 있느냐? 그 권리를 누가 어떻게 정하느냐? 여기서 자유의 영역개념이 대두된다. 로빈 후드의 영역은 A' = A'(S)이고 그가 건너갈 사적권리는 r'이다. 다리에서 마주친 리틀 존이 로빈 후드의 메타이다. 리틀 존 역시 마찬가지이다. 리틀 존의 영역은 A" = A"(S)이고 그가 건너갈 사적권리는 r"이다. 로빈 후드가 그의 메타이다. 서로의 메타로 분할하면 A' = A"(S)이며 동시에 A" = A'(S). 로빈 후드와 리틀 존은 서로 완전 역지사지가 된다. 이것이 상호 권리의 인정이지만 이것만으로는 어느 쪽의 자유가 우선인지는 결정되지 않는다. 앞서 말한 대로 리틀 존이 로빈 후드의 메타라면 리틀 존의 메타가 비결정이고 로빈 후드가 리틀 존의 메타라면 로빈 후드의 메타가 비결정이기 때문이다. 원화로 평가한 달러의 가격이 1천원이라면 달러의 가격은 결정되지 않고, 달러가격으로 평가한 원화의 가격이 0.001달러일 때 원화가격은 결정되지 않는다.

외나무다리에서 두 사람의 권리의 개념은 발생하지만 권리의 행사는 결정되지 않는다. 권리는 외나무다리를 건너는 나의 자유를 방해하는 너의 자유에 대한 나의 강제행사의 자유이다. 여기서 핵심은 외나무다리의 소유권이 누구에게 속하느냐? 그것이 제3자에게 속하면 그가 결정하면 된다. 그 제3자란 누구인가? 그 제3자가 교통법규라면 교통법규는 헌법에 복종하는 법이다. 또다시 헌법의 결정원리와 마주친다.

4. 이 제3자를 앞서 가상의 존재 A라 하자. 자폐적 자기완결 자기조회 A = A(S)의 A에게 가상의 권리 R이 존재한다. 무수한 개인 (A', A'',…)에 대하여 각각의 사적권리 (r', r'',…)가 존재한다. 사적권리에 대한 예가 정당방위권이다. 합리적 자기속박에 대한 대가이다. 각 개인의 사적권리 (r', r'',…)에는 비용 (m', m'', …)이 발생한다. 사적권리를 사용하는 개인에게 사용의 만족과 사용비용은 균형에서 일치한다. m' = r', m'' = r'', …이다. 여기서 어느 사적권리는 특권이 될 수 있고 어느 사적권리는 소홀히 취급받는 권리가 될 수 있다. 사적권리와 사적권리가 충돌할 수 있다. 이 사적권리의 차이를 피하려면 입법에 의해 모두에게 동일한 단일의 법적권리 R이 부여될 수박에 없다. 가상의 A의 가상의 권리 R이다. 이것이 법부권리이고 이에 대한 개인의 사적 균형은 깨져 $m' = r' \neq R$, $m'' = r'' \neq R$, …의 부등호가 된다. 그러므로 다음의 법부권리의 입법법칙이 강제된다.

입법의 제2법칙: $\lambda' r' = \lambda'' r'' = \cdots = R$

여기서 λ', λ'', …는 법부권리 R에 개인의 사적권리 r', r'', …을 맞추어야 하는 개인의 조회계수이고 〈입법의 제2법칙〉은 "너의 사적권리를 공통의 법적권리에 맞도록 그렇게 조회하여 집행하라"의 지시이다. 특권은 인정되지 않는다. 예를 들면 교차로에서 자기 순서를 기다리거나 관공서에서 자기 차례를 기다리는 규칙이다. 여기서도 질문이 던져진다.

입법의 제2법칙의 질문: 공통의 법부권리 R은 어떤 원리로 어떻게 결정되는가?

법적권리 R의 결정원리가 알려지면 이 지시에 따라 법적권리집행에 대한 각자의 부담이 결정된다. 법적권한 R에 균형을 맞추는 각자의 부담 r', r'', …의 크기는 다르다. 개인의 부담의 집계가 법적권리의 입법비 및 집행비와 일치하게 된다.

5. 리틀 존을 만나기 전에 로빈 후드를 정의한 것은 그의 자유의 법칙이었다. 리틀 존을 만나면 로빈 후드의 권리가 로빈 후드를 정의한다. 그러나 그의 권리는 누가 정하나? 말을 바꾸면 무엇이 로빈 후드를 로빈 후드라고 정의하는가?

로빈 후드를 로빈 후드라고 정의하는 것은 로빈 후드가 자신의 자유를 밖의 침해로부터 지키는 권리의 법칙이다. 자유는 권리를 생산하는데 바로 자유의 법칙에서 권리의 법칙이 발견된다. 자유의 확보는 권리교환의 자유로 가능하다. 이 내용을 본다.

6. 개인은 자유와 권리가 정의한다. 좁은 의미에서 선거권이 개인을 정의한다. 권리는 자유의 소유에서 자유의 집행으로 발전한다.

곧 나의 자유를 참견, 방해, 침해하는 타인의 자유를 참견, 방해, 침해하는 나의 자유의 집행이 나의 권리이다.[38] 줄이면 권리는 [자유의 방해의 방해]이다. 권리가 자유처럼 실재하는 개념임은 아래에서 추론한다.

7. 자유가 권리를 생산하면 가장 기본적 권리인 인권도 자유에서 유래함은 자유의 법칙이다. 이로써 미국독립선언서의 “모든 인간은 평등하게 창조되었다”와 이에 영향을 받은 프랑스 인권선언 “모든 사람은 태어나면서 권리에서 평등하다”의 유래가 자유의 법칙에 있음을 알 수 있다. 이것은 이미 〈정의 8〉의 H = C + F에서 본대로 평등도 자유의 법칙에서 유래된 것임을 확인한다. 자유 없는 평등은 불가능하다. 평등 역시 권리처럼 상대적이다. 자유가 신장될 때 평등도 확대된다. 역이 아니다.

8. 자유낙하의 속도는 가속도이다. 낙하하는 구간마다 가속도가 다르다. 평균속도는 자유낙하의 구간마다 다른 가속도를 구간에 상관없이 균등하게 인위적으로 만든 속도이다. 가속도는 자유의 법칙이고 평균속도는 인간이 편의에 의해 만든 개념이다. 서로 다른 체중이 개별체중이고 균등한 체중이 평균체중이다. 평균신장은 프로클로스테스의 침대이다. 개별신장이 없으면 평균신장도 없다. 모든 대상에 대한 통계에는 세 종류가 있다. 개별수치, 그것을 집계한 전체수치, 전체수치를 균등히 나눈 평균수치. 개별수치가 자유수치이고, 평균수치가 평등수치이다. 자유는 스스로이고 평등은 인위적이다. 따라서 평등은 스

스로 시초가 될 수 없다. 자유는 자연의 메타이지만 평등에는 그것을 인위적으로 만드는 개인이나 집단이 필요하다. 집단의 의사라는 것이 존재하느냐? 또는 대의가 존재하는가? 다시 말하면 개별수치를 집계하여 전체수치가 되는 가능성이 보장되는가? 이것이 보장되지 않으면 평균수치도 존재하지 않는다. 곧 대의란 신기루이다.

9. 권리는 시민사회 질서의 기초이다. 사적영역의 자유개인이 시민정부에 귀속할 때 계층, 종교, 인맥, 출신 등 어떠한 외부에 의해 영향 받지 않는 두 가지 자격이 요구된다. 첫째, 자유시민의 자격인 [나는 나의 복종자]이다. [나는 나의 복종자]의 자기분할은 [나는 전체의 복종자]와 [전체는 나의 복종자]이다. 전자의 나는 법의 준수자이며 후자의 나는 법의 제정자이다. 국민주권 하의 국민의 정의이다.

둘째, 자유 시민으로써 권리에 대한 요구가 [나는 나의 중심]으로 요약된다. [나는 나의 중심]의 자기분할은 [나는 전체의 중심]과 [전체는 나의 중심]이다. 전자는 권리이고 후자는 의무이다. 시민사회에 대한 권리의 요구는 동시에 자신의 의무를 의미한다. 자유 시민으로써 시민정부와 연계를 맺는 법적 요구이다. 이런 의미에서 나의 권리는 남에게 의무를 지우는 행위이다.

10. 의무는 상대가 나에게 무엇을 하라shall do의 명령이다. 권리는 내가 상대에게 무엇을 하지 말라shall not의 강제이다. 그 기준이 옳음/옳음아님의 당위이다. 옳음right의 뜻을 가진 권리right의 어원이 지시direct이다.[39] 지시는 강제이다. 앞서 어원이 말해주듯 법과 권리는 옳다

right는 뜻이다. 라틴어 justum은 명령된 것을 의미하고 그리스어 dikaion은 소송을 의미한다. 독일어 recht는 법률과 같은 의미이다. 정의의 뜰이나 정의의 집행이란 법정이며 법의 집행이다. 프랑스어 la justis는 재판을 의미한다. 모두 옳다는 뜻이다. 참/참아님의 차원인 자유의 법칙이 그것을 제어하는 의무와 함께 옳음/옮음아님의 차원인 법(권리)으로 발전한 것이 앞서 입법법칙이다.

11. 권리는 힘이다 그러나 그 힘을 잃을 때 나의 자유가 타인의 강제 위협에 노출된다. 이 위협을 막기 위한 나의 자유는 타인의 자유를 강제한다. 자유의 참견에 대한 참견이 법에 의한 강제 지시이다. 따라서 권리가 강제력power이 됨은 자유가 서로 강제함으로 성립하고 이때 권리는 권력이 된다.

나의 자유는 타인의 자유를 강제한다.
타인의 자유는 나의 자유를 강제한다.

이 역지사지 완전대칭의 두 문장을 타인의 자유로 합친 권리의 개념은 [나의 자유는 나의 자유를 강제한다]이다.[40] 줄인 [자유는 자유의 강제]가 권리의 정의이다. 권리는 자제된 자유이다. 또는 자유의 평등부분이다.

12. 루소(Rousseau 1762)의 표현과 대조해 보자. "이것은 그가 자유스럽게 되도록 강제된다는 것 이상 아무 것도 아니다."[41] 이 문장에

서 '이것'이 루소의 권리의 정의이다. 앞서 본 대로 권리 역시 자기조회이다. 따라서 [자유는 자유의 강제]는 〈보조정리 2〉에 의해 [자유는 자유를 강제하고 강제하고 … ∞]로 무한 전개된다. 자기조회는 자기지시이다. 이미 본 대로 남에 대한 지시direct인 권리right가 자기지시self-direct에서 전형된다. 곧 나에 대한 자기지시[조회]인 자유에서 남에 대한 지시인 권리가 탄생한다. 모든 자기조회가 그렇듯이 개인의 자연권 역시 그 범위가 무한하므로 결정되지 않는다. [자유는 자유의 강제]에서 주어의 자유가 강제자이니 목적어의 자유는 복종자가 된다. 주어와 목적어의 위치를 바꾸면 다음이 된다.

공준 1: 자유는 자유의 복종자

이것은 〈보조정리 1〉에 의해 증명가능자유와 증명불가능자유의 합이 되어 (정의 1-정의 7)까지 H = C + F의 다양한 변수변환 형태의 자유의 법칙임이 확인된다.

개인 = 헌법 안 자유의 복종자 + 헌법 밖 자유의 무한대 무제약자

헌법 안 자유와 헌법 밖 자유는 보완관계이면서 동시에 영역구분에 있어서 경쟁관계이다. 나에게 모두 필요한 두 자유의 교환으로 나의 자유가 확보된다.

보조정리 6: 자유의 확보는 비시장 정치기구 안에서 자유교환의 자

유로 가능하다.

또한 [자유는 자유의 복종자]는 〈공리 2〉의 나 개인의 정의 [나는 나의 복종자]와 쌍을 이루는데 둘 사이의 관계를 보면 [나는 나의 복종자]를 메타 F에 의한 자기분할을 거친 것이 권리의 정의 [자유는 자유의 복종자]이다. 곧 A = A(S)를 한번 증식한 A = A(S)(S)를 분할하면 A = F(S)와 F = A(S)가 되는데 재합성하면 F = F(S)를 얻는다. 여기서 내가 곧 자유임을 의미하는 〈보조정리 5〉가 확인된다. 이 결과는 권리가 자유를 실현시키므로 내가 자유인이 되려면 반드시 권리의 집행이 뒤따라주어야 한다는 이중의미이다.

13. 자유를 지키는 무한 차원의 무제약 사적권리가 충돌을 피하여 자유를 확보할 때 그 방법이 자기조회의 무한 반복이 멈추는 메타에서 헌법 안으로 내생화시키는 것이다. 그 방법은 [자유는 자유의 복종자]의 F = F(S)를 권리 R을 메타로 삼아 F = R(S)와 R = F(S)로 자기분할하는 것이다. 분할된 것을 F로 재통합하면 권리 R = R(S)를 얻는다.

공준 2: 권리는 권리의 복종자

권리는 자폐적 자기완결 자기조회 구조를 가지며 그 영역은 무한하다. 따라서 〈입법의 제2법칙〉에서 권리의 법칙이 유도된다. 곧 무제약 무한대 원형권리가 제한된 헌법을 메타로 삼으면 〈입법의 제2법칙〉에서 R = K(S)와 K = R(S)로 자기분할 한다. 후자는 R = K(-S)이다.

합성하면 $R = K(S) + K(-S)$이다. 권리도 연산법칙을 따른다.

정의 9: 원형권리 H = 증명가능 안 법부권리 C + 증명가능 밖 사적 권리 F

이것을 K로 합성한 것을 C로 분할한 것은 무제약 무한대 권리 R을 헌법 내에서 법부권리 C로 제한할 수 있음을 의미한다. 한편, 증명가능권리의 다른 표현이 법 C이고 〈정의 7〉에서 법 안의 평등 E이 인정된다면 $C = E$이다. 따라서 〈정의 9〉의 권리의 법칙 $H = C + F$는 $H = R + F$이며 동시에 $H = E + F$이다. 이것이 권리의 법칙이다. 정리하면 권리는 〈공준 2〉을 참고하여 두 가지로 구성할 수 있다.

개인 = 헌법 안 권리의 복종자 + 헌법 밖 권리의 무한대 무제약자

14. 메타 이상은 헌법 밖의 증명불가능권리 F로 넘어간다. 그것이 법부권리legal rights의 상위 개념으로 무제약 무한 차원의 증명불가능권리 곧 소유possession의 개념이다. 이것은 원형권리가 원형자유처럼 가설이 아니라 참이지만 증명할 수 없는 실재임을 의미한다. 자유의 확보는 천부권리와 법부권리의 교환의 파우스트 계약이다.

보조정리 7: 자유의 확보는 비시장 정치기구 안에서 권리교환의 자유로 가능하다.

이때 헌법에 위임하지 않은 사적권리는 여전히 개인에게 속하며 무제약 무한대이다. 이 영역에서 개인은 여전히 1인왕국의 자기독재자이다. 원형권리의 일부를 법부권리로 교환하고 여전히 남는 나머지 사적영역에서 사적권리마저 확보하려면 자기독재자가 거듭되는 자기성찰에 의해 믿을 수 있는 메타로 헌법에 자기독재권을 위임하여야 한다. 이 위임은 그에게 더 이상 자기입법, 자기집행, 자기심사를 허락하지 않는다. 이것이 삼권분리의 기원이다. 문제는 그러한 위임의 존재가 결정되느냐?

15. 외부의 방해는 외부효과이다. 메타인 외부자유가 나의 자유에 영향을 미치는 행위에서 권리가 발생한다. 권리는 내생화된 자유의 외부효과이다. 앞서 외나무다리를 둘러싼 로빈 후드와 리틀 존의 예를 보았다. 이번에는 깨끗한 강물의 주택가 상류에 공장의 예를 보자.

공장이 깨끗한 강물을 사용할 수 있는 주민의 자유를 침해한다. 공장에게는 제품생산에 필요한 깨끗한 강물을 사용할 자유가 있다. 주민의 반대가 공장의 자유를 침해한다. 주민의 자유와 공장의 자유의 충돌이다. 깨끗한 강물의 사용권리가 대두된다. 이 문제의 핵심은 깨끗한 강물은 누구의 것이냐? 또는 깨끗한 강물의 사용권은 누구에게 있느냐? 뒤집어 말하면 깨끗한 강물을 더럽힐 권리는 누구에게 있느냐? 정부가 주민의 권리를 들어주면 공장은 필터를 설치해야 하거나 주민에게 필터를 사주거나 해야 한다. 후자가 싸면 주민의 집에 필터를 사준다. 그리고 더러운 강물을 계속 쏟아낸다. 정부가 공장의 손을 들어주면 주민이 공장의 필터를 사주거나 주민이 필터를 설치해야 한다.

후자가 싸다해도 공장은 여전히 깨끗한 강물을 오염시킨다. 어느 경우라도 오염된 강물은 피할 수 없다.

16. 깨끗한 강물 사용권은 공장 A'와 주민 A"의 쌍방에 있다. 깨끗한 강물 사용권의 주장에 있어서 A'는 A"의 경쟁자 S이고 A"는 A'의 경쟁자 S이다. 곧 A' = A"(S)와 A" = A'(S)이다. 쌍방의 주장이 대칭이다. 합성하면 A' = A'(S)와 A" = A"(S)의 자기조회이다. 1회의 자기복제는 A' = A'(S)(S)와 A" = A"(S)(S)이다. 정리하면 〈표 1-1〉과 같다.

대각선 행렬은 자기조회이므로 권리는 스스로 결정되지 않는다. 정부가 어느 한 편의 손을 들어주지 않으면 권리의 소유 또는 소유의 권리가 결정되지 않는다. 정부는 아무의 손을 임의적으로 들어줄 수 없다. 정부는 중립적이어야 한다. 법률이 비결정이면 임의적 판정이 초래될 수 있다. 대각선은 마찰이 없는 세상에서 역지사지 완전대칭 분할의 합성이기 때문이다. 마치 마찰이 없는 진공에서 깃털과 포환 사이에 낙하속도의 차이가 동일하여 그 차이를 결정할 수 없는 이치이다.

〈표 1-1〉 권리의 지도

	A'(공장)	A"(주민)
A'(공장)	A' = A'(S)(S)	A' = A"(S)
A"(주민)	A" = A'(S)	A" = A"(S)(S)

17. 코우스 정리(Coase 1960)는 권리, 특히 재산권 탄생의 정리이

다.[42] 무제약 무한대 자유가 역시 무제약 무한대 자유와 충돌하여 제한된 자유로 그 범위가 결정되는 것은 외부효과 곧 외부메타이다. 이 경우 자유의 범위를 결정하는 외부메타가 권리이다. 이것은 〈코우스 정리〉의 일부이다. 나머지는 어느 편 손을 들어주는 정부의 원리이다. 정부는 중립자로서 무슨 원리에 의해 누구의 편을 들어주어야 하나?

18. 자유의 침해에 대한 자기방어가 권리였다. 자유의 획득인 권리는 자유의 외부효과이다. 권리 역시 자기방어에서 권리의 행사로 진화한다. 나의 권리행사를 참견, 방해, 침해하는 남의 권리행사를 내가 참견, 방해, 침해하는 나의 권리가 나의 권리행사이다. 행사는 권리의 외부효과가 되어 권리의 범위를 결정한다.

19. 앞서 깨끗한 강물 사용권은 주민과 공장 쌍방에 모두 있었다. 〈코우스 정리〉의 전반부이다. 비용이라는 마찰이 없는 세상이었다. 실제 세상에는 비용이 발생한다. 법원이 주민의 손을 들어주면 공장은 정화필터를 구입해야 한다. 법원이 공장의 손을 들어주면 주민들이 필터를 사야 한다. 그전에 주민들은 공장이 수질오염의 원인임을 증명해야 한다. 그 정보는 주민 전체의 부담이다. 그 정보비용에 편승하는 무임승차의 문제도 발생한다. 이 모든 것은 주민 측의 정보비용을 증가시킬 뿐만 아니라 경제전체의 자원낭비를 초래한다. 법원이 주민의 손을 들어주는 것은 이 낭비를 줄이는 효율성이다. 〈코우스 정리〉의 후반부이다. 비용이 A'와 A" 쌍방 사이에 주장을 비대칭으로 만들었다. 마찰이 있는 공기저항의 세상에 비유된다. 정보의 비대칭이 권리

를 정의한다.

20. A'가 공장이고 A"가 주민이라면, 공장 A' = A"(S*)은 주민의 값싼 경쟁자이고, 주민 A" = A'(S)은 공장의 비싼 경쟁자이다. 주민 A" = A"(S)(S*)은 비싼 S*에서 싼 S로 증식하고, 공장 A' = A'(S)(S*)은 싼 S에서 비싼 S*로 증식한다. 주민과 공장 공히 결정적이다. 정부는 비효율성의 낭비를 막기 위하여 주민의 손을 들어줄 수 있다. 자원낭비가 발생하지 않는다. 정부가 개입했지만 공장의 필터가 완벽하지 않을 수 있다. 이때 발생하는 오염에 대하여 정부는 세금부과로 강물을 정화시키는데 사용할 수 있다. 〈표 1-2〉에서 대각선이 자기조회가 아니므로 비결정에서 벗어난다. 대각선의 좌우 또한 비대칭 불완전 역지사지이다.

〈표 1-2〉 권리행사의 지도

	A'(공장)	A"(주민)
A'(공장)	A' = A'(S)(S*)	A' = A"(S*)
A"(주민)	A" = A'(S)	A" = A"(S*)(S)

21. 정보비용이 주민과 공장의 주장을 비대칭으로 만들었지만 그 밖에 사람들에게는 공공의 이익도 생각하는 면이 있다는 연구결과도 많다. 정부의 목표가 개인들의 목표보다 높다는 가정에 관한 연구도 진행되었다. 자신의 이익을 위하여 백화점에서 물건을 사는 소비자와 공공의 이익을 위하여 투표권을 행사하는 사람은 다른 사람인가? 소비자는 지킬과 하이드인가?

그렇지 않다면 정부의 개입을 배제하고 주민과 공장 사이에 계약으로 해결할 수 있다. 정부의 시장 간섭에서 시장 원리로 전환한다. 시장 밖 정부에서 시장 안 교환으로 내생화된다. 상류에서 생산을 하고자 하는 공장은 여럿이다. 주민은 강물오염의 최소치를 설정하고 그 기준에 맞는 공장을 상대로 경매에 붙인다. 이것이 코우스가 제안한 오염배출증권이다. 낙찰된 공장과 계약을 체결한다. 오염배출증권 판매대금으로 오염된 강물을 정화하면 주민이 깨끗한 강물을 사용할 수 있다. 주민의 권리와 공장의 권리가 계약시장에서 교환되었다. 주민은 권리를 행사하였고 공장도 권리를 행사할 수 있다. 권리가 자유와 자유 사이의 다툼에서 발생한다는 통념이 반드시 그렇지 않을 수 있다는 증거이다. 시장에서 권리의 상호교환으로 서로의 자유의 확보는 가능하다. 〈코우스 정리〉는 외부효과의 내생화이다. 안의 자유를 밖의 자유로 전환하는 방식과 반대이다.

22. 권리를 결정하는 두 가지 접근 모두 법에 의존한다. 정부개입의 방법은 의회에서 투표로 결정하고 오염배출권의 결정도 해당지역 주민의 투표로 결정한다. 권리의 정의에서 옳음/옳음아님의 결정기준이 무엇인가? 앞서 소개한대로 권리는 주관화된 법이고 법은 객관화된 권리이다. 법은 지시이고 강제이다. 법체계의 정점은 헌법이다. 그러므로 질문은 자유와 권리를 올바르게 정의하는 헌법이 존재하느냐로 발전한다. 그 헌법의 원리는 무엇이냐? 모든 사람이 만장일치로 옳다고 합의하면 사회적으로 옳은 것일지 모르나 과반수이상이 옳다는 다수결이 사회적 대의로 과연 존재하느냐? 존재하지 않는다면 결정성 조건은 무엇인가?

입법의 제3법칙

1. 정의正義는 권리와 권리의 다툼 사이의 판단이다. 곧 정의는 권리의 평등이다.[43] "남의 권리를 대접 받고자 하는 대로 너희도 남의 권리를 대접하라."는 복음서의 정의이고, "나의 권리가 침해되지 않고자 하는 대로 너희도 남의 권리를 침해하지 말라."는 로마 금언의 정의이다. 나의 권리를 참견, 방해, 침해하는 타인의 권리를 참견, 방해, 침해하는 나의 권리의 집행이 나의 정의이다. 나의 권리는 타인의 권리를 방해하고 타인의 권리는 나의 권리를 방해한다. 줄이면 [방해의 권리는 방해의 권리의 목적]이다. 정의 역시 자폐적 자기완결 자기조회 구조이다. 고대사회에서 정의란 이에는 이 눈에는 눈이다. 그러나 이에는 이와 눈에는 눈은 공히 자폐적 자기완결 자기조회의 정의이다. 정의는 권리의 충돌에서 조정된 산물이다. 〈그림 1-5〉는 〈그림 1-4〉의 두 원이 겹친 권리가 또 하나의 권리와 겹친 모습이다. 겹친 부분이 권리의 충돌 부분이다. 두 원에서 H = C + F가 성립한다. H는 원이고

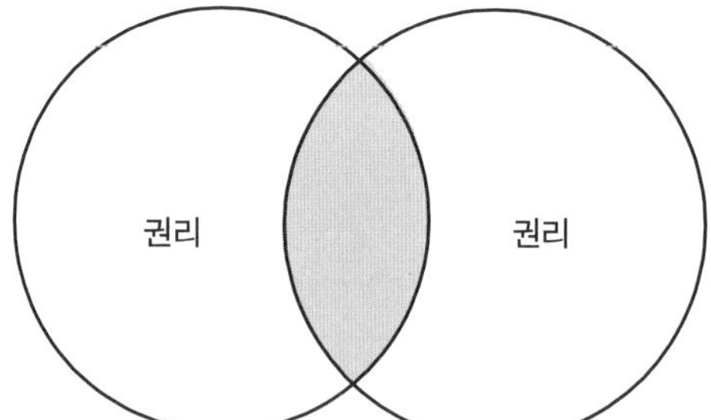

〈그림 1-5〉 정의의 영역

C는 겹친 공통의 영역이고 F는 각자에게 남겨진 사적권리 영역이다.

2. 선정된 공장과 주민 사이의 계약은 공장의 권리와 주민의 권리를 정의한다. 그 계약의 해석을 둘러싸고 다툼이 발생할 수 있다. 또 계약을 파기하는 것이 이익이라고 합리적 판단하여 한쪽이 계약을 깰 수 있다. A'와 A"의 계약의 내용이 〈표 1-3〉이다. 괄호 속의 첫째 숫자는 A'의 이익, 둘째 숫자는 A"의 이익이다.

〈표 1-3〉 계약의 게임

	계약준수	계약파기
계약준수	(20, 15)	(12, 19)
계약파기	(22, 11)	(11, 10)

A'와 A" 모두 계약을 준수하면 이익이 (20, 15)이다. A'는 지키고 A"이 파기하면 A"의 이익이 높아지나 A'에게는 손해이다. A"가 준수하고 A'가 파기하면 A'의 이익이 높아지나 A"에게는 손해이다. 둘 다 파기하면 모두 손해이다. 어느 게임을 택할 것인가. (11, 10)은 A'와 A"이 모두 파기하는 경우인데 (20, 15)에 비하여 사회적 비용을 증가시킨다. 비효율적이다. (12, 19)는 A'이 파기, (22, 11)은 A"가 파기한 경우이다. 계약을 파기하면 일방의 권리가 상대방의 권리를 침해하게 된다. 침해받은 상대방이 자신의 권리를 지키기 위하여 정의를 요구하여 권리를 회복할 자유가 있다. 정의는 권리와 권리의 다툼에서 발생한다. 사법권의 정의이다.

3. 자폐적 자기완결 자기조회 A' = A'(S)의 권리를 타인의 침해로부터 지키려는 보편정의 J로 분할하면 A' = J(S)와 J = A'(S)가 된다. 재결합한 J = J(S)(S)은 다시 J = A"(S)와 A" = J(S)의 재분할을 거쳐 또 다른 개체 A" = A"(S)(S)가 되는 것을 j'으로 분할한 것이 j' = A"(S)와 A" = j'(S)이다. 이 과정은 한없이 계속되어 무수한 개인 (A', A", …)에 대하여 각각의 사적정의 (j', j",…)가 존재한다. 각 개인의 사적정의 (j', j",…)에는 비용 (m', m", …)이 발생한다. 사적정의비용의 예가 사적정의실현비용이다. 그 비용은 금전적 비금전적 비용을 모두 포함한다.

사적정의를 사용하는 개인에게 사용의 만족과 사용비용은 균형에서 일치한다. m' = j', m" = j", …이다. 사적정의가 고르지 않을 수 있다. 미국 서부시대에는 권총이 정의였다. 가장 뚜렷했던 예가 인종차별의 정의였을 것이다. 20세기 중반까지 미국남부는 차별과 분리는 다르다는 주장으로 형태를 달리한 차별을 고수하였다.

통일된 정의에 대한 요구가 사적정의실현을 넘어서 입법에 의해 모두에게 동일한 보편적 법적정의로 진화할 수밖에 없다. 법적정의에 대한 개인의 사적균형은 깨져 m' = j' ≠ J, m" = j" ≠ J, … 의 부등호가 된다. 그러므로 다음의 법적정의의 입법법칙이 강제된다.

입법의 제3법칙: $\lambda' j' = \lambda'' j'' = \cdots = J.$

여기서 λ', λ'', … 는 법적정의 J에 개인의 사적정의 j', j", … 을 맞추어야 하는 개인의 조회계수이다. 곧 "너의 사적정의를 보편적 법적정의에 맞도록 그렇게 조회하여 집행하라"의 지시이다. 반대로 표현한 것이 "정의를 너의 손에 넣지 마라." 여기서도 질문이 제기된다.

입법의 제3법칙의 질문: 보편적 법적정의 J는 어떤 원리로 어떻게 결정되는가?

법적정의 J의 결정원리가 알려지면 이 지시에 따라 법적정의집행에 대한 각자의 비용부담이 결정된다. 그것은 차별적일 수밖에 없다. 그 비용에는 죄에 대한 대가로써 징벌도 포함된다. 징벌은 강제적이다. 여기서 죄의 정의가 대두됨은 물론이다.

4. 권리를 지키는 무한 차원의 무제약 정의 역시 충돌을 피하여 권리를 확보해야 하는데 그 방법이 자기조회의 무한 반복이 멈추는 메타에서 헌법 안으로 내생화시키는 것이다. 그 방법은 [권리는 권리의 복종자]의 R = R(S)를 무제약 무한대 정의J를 메타로 삼아 R = J(S)와 J = R(S)로 자기분할 하는 것이다. 권리는 정의에 복종해야 하고 정의는 권리를 존중해야 한다. 자기분할된 것을 R로 재통합하면 정의 J = J(S)를 얻는다.

공준 3: 정의는 정의의 복종자

정의는 자폐적 자기완결 자기조회 구조를 가지며 그 영역은 무한하다. 따라서 입법의 제3법칙에서 정의의 법칙이 유도된다. 곧 무제약 무한대 원형천부정의가 제한된 헌법을 메타로 삼으면 입법의 제3법칙에서 J = K(S)와 K = J(S)로 자기분할 한다. 후자는 J = K(-S)이다. 합성하면 J = K(S) + K(-S)이다. 정의도 연산법칙을 따른다.[44]

정의 10: 원형정의 H = 증명가능 안 법부정의 C + 증명가능 밖 정의 F

이것을 K로 합성한 것을 C로 분열한 것은 무제약 무한대 사적정의 J를 헌법 안에서 법부정의 C로 제한할 수 있음을 의미한다. 메타 이상은 헌법 밖의 증명불가능정의 F로 넘어간다. 그것이 법부정의의 상위 개념으로 무제약 무한 차원의 증명불가능천부정의이다. 이것은 원형정의가 앞서 본 대로 윤리에 속하므로 천부자유처럼 가설이 아니라 참이지만 증명할 수 없는 실재임을 의미한다. 자유의 확보는 사적정의와 법부정의의 교환의 파우스트 계약이다. 이것이 정의의 법칙이다. 정리하면 정의는 자유의 자기분할의 나눗셈법칙을 참고하여 두 가지로 구성할 수 있다.

나는 [헌법 안 정의의 복종자]와 동시에 [헌법 밖 정의의 무한대 무제약자]

〈공준 3〉은 자폐적 자기완결 자기조회 구조이므로 〈보조정리 1〉과 〈보조정리 2〉에 의해서 증명되는 정의와 증명되지 않는 정의로 나뉜다. 증명되는 정의는 헌법 안의 정의이고, 사실이면서 증명되지 않는 정의가 헌법 밖의 사적영역의 정의이다. 헌법 안의 정의가 사법부의 소관이다. 헌법 밖의 정의는 내 손 안의 정의이고 정당방위의 기초이다.

헌법 안 정의와 헌법 밖 정의는 보완관계이면서 동시에 영역구분에 있어서 경쟁관계이다. 나에게 모두 필요한 두 정의의 교환으로 나의 자유가 확보된다.

보조정리 8: 자유의 확보는 정의 교환의 자유로 가능하다.

5. 참/참아님의 차원의 자유가 옳음/옳음아님의 권리로 발전하고, 마지막에 법정에서 긍정/부정/결정불가능의 사실판단 차원의 정의로 변수변환 되었다. 사법부의 정의는 사실판단의 규명이다. 대표적인 수순이 인정심문과 사실심리이다. 사실은 사건 실재의 준말이다. 살인사건이 발생하면 시체가 사건의 실재이다. 실재는 긍정/부정/결정불가능의 차원의 판단이다. 사건관계자의 참/참아님의 증언을 토대로 사건의 긍정/부정/결정불가능의 실재를 판단한다. 진실은 참된 사실이고 허위사실의 생산은 중죄이다. 이것이 정의 구현의 기초이다. 정의의 구현은 권리의 요구이며 거슬러 올라가서 자유의 법칙에 의한 자유의 회복이다. 이것이 〈그림 1-6〉가 표현한 자유의 차원이다. 그림에서 자유와 권리처럼 정의 역시 무제약 무한대이므로 자유와 권리처럼 중첩형식이다.

6. 〈공준 1〉의 자기분할이 생성한 사적자유 F의 자기복제가 만든 집합 $F = (F(S), F(S)^2, F(S)^3, \cdots \infty)$은 1차원의 선線이다. 그러나 〈공준 2〉의 자기분할의 외부메타는 자유 F뿐만이 아니다. 지금까지 순차적으로 드러난 대로 자유 F가 외부메타인 권리 R를 낳아 2차원의 면面이

생성되고, 권리가 외부메타인 정의 J를 낳아 3차원의 적積이 생성된다. 〈그림 1-6〉의 3차원의 각 좌표는 자유, 권리, 정의를 측정한다. 나 A = A(S)는 자유 F와 권리 R와 정의 J의 3차원 속에서 원점 A로 정의된다. 정태적 나 A이다. 그것이 무한대 자기복제 되면 원점 A에서 시작하는 하나의 선線 A = (A(S), $A(S)^2$, $A(S)^3$, … ∞)이 되어 3차원 속에 4차원의 존재가 된다. 동태적 나이다. 〈그림 1-6〉에서 4차원 선상의 모든 점은 이동 원점에 해당한다. 그림에서 무한대 영역을 유한하게 제한하는 것은 한정된 시간뿐이다.

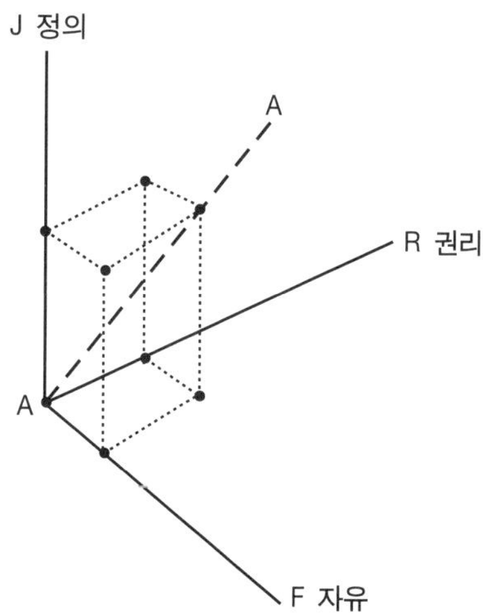

〈그림 1-6〉 3차원의 자유인

7. 정의를 정의하는 데에는 사회적 비용이 발생한다. 사법비용이다. 비용을 낮추고 효율성을 높이는 이유는 사회적 부wealth의 최대화

에 있다. 이런 의미에서 포스너(Posner 1981)는 정의를 효율성이라고 정의한다.[45] 이것은 밀(Mill 1863)이 말하는 공리주의에 입각한 효율성의 정의의 진화이다.[46] 밀은 부 대신 행복 곧 효용utility을 정의라고 생각했다. 밀은 이런 면에서 벤담의 후계자이다. 뒤에서 보는 대로 효용은 만족을 일으키는 능력이다. 그리고 만족이 자유의 목적이다. 밀을 확대 해석하면 자유의 정의 → 효용의 정의 → 만족의 정의 → 행복의 정의로 진화한다.

8. 오래 동안 소비자가 시장에서 자신의 소비자잉여 또는 만족이나 행복을 최대화하는 것을 경제활동 또는 경제정책의 목적으로 삼았다고 가정하였다. 그러나 만족이나 행복은 측정하기가 쉽지 않다. 이것이 벤담의 공리주의의 단점으로 오래 동안 풀어야 할 숙제로 남아 있었다. 이에 비해 부wealth는 소비자잉여로 측정할 수 있다. 포스너는 미국과 영국의 재판기록을 조사하고 판사가 마치 사건의 가상시장을 설정하여 부 = 소비자잉여를 최대로 하는 판결을 내린다고 결론지었다. 포스너의 효율성으로서 정의에 대하여 롤스(Rawls 1971)의 공정으로서의 정의는 II권에서 소개할 것이다.[47]

9. 제1장의 서두는 자유가 이성고유의 참된 입법가치라고 정의하였다. 자유에서 1차로 파생한 권리는 참된 입법가치의 올바른 강제이며, 2차로 파생한 정의는 참된 입법가치의 객관적impartial 사실판단이다. 권리의 강제가 권력power이고, 정의의 집행이 권위authority이며, 권위의 의지가 주권sovereignty이다. 자유, 권리, 정의의 공통점은 참(진리)이다.

입법의 제4법칙

1. 공동체의 안전, 질서, 공동선을 구하는 공적재화에는 법 이외에 국방, 경찰, 도로, 항만, 국립공원 등이 있다. 정부재화라고도 부른다. 헌법의 측면에서 볼 때 가장 중요한 공적재화는 헌법체계를 수호하는 검찰권이다. 개인의 자유가 스스로 방어하기 위하여 권리를 생산하고, 권리가 스스로 방어하기 위하여 정의를 생산하였음을 보았다. 정의의 정점인 헌법도 스스로를 지키기 위한 권리가 필요하다. "국가의 유지를 위해서는 또한 제3의 권리 곧 감[검]찰의 권리가 필요하다."[48]

정부재화의 원리는 시장원리가 아니다. 정부의 입법에 의하므로 이 역시 입법법칙에 속한다. 입법의 제4법칙으로 분류할 수 있다. 정부재화의 수요자는 개인이다. 앞서 H' = C + F', H'' = C + F'', …에서 F', F'', …는 개인 A', A'', …의 각자의 사적자유였는데 각자는 그 자유의 안전과 질서와 공동선에 대한 대가를 지불하여야 한다. 그것은 안전과 질서에 대한 개인의 다양한 수요에 따라 동일하지 않게 적용되는 정부재화의 입법가치이다. 그것이 세금의 정의이다. 세금의 원리는 동일 공적재화의 사용에 대해 개인이 스스로 정직하게 분담한다고 생각하는 가격이다.

2. 자폐적 자기완결 자기조회 A' = A'(S)를 공적재화 = 정부재화의 공급량 G에 대한 개인의 주관적 필요량 g'으로 분할하면 A' = g'(S)와 g' = A'(S)가 된다. 재결합한 g' = g'(S)(S)은 다시 g' = A''(S)와 A'' = g'(S)의 재분할을 거쳐 또 다른 개체 A'' = A''(S)(S)가 된다. 이 과정은 한없

이 계속되어 무수한 개인 (A', A'', …)에 대하여 각각의 (g', g'',…)가 존재한다. 각 개인의 정부재화사용 (g', g'',…)에는 비용 (t', t'', …)을 지불해야 한다. 사적재화의 예로 방범과 화재경보기를 보자. 안전재화를 사용하는 개인에게 사용의 만족과 사용비용은 균형에서 일치한다. t' = g', t'' = g'', …이다. 그러나 사적안전재화를 넘어서 국방과 경찰 등 정부재화의 공급량은 입법법칙에 의해 모두에게 동일한 단일수량 G로 공급될 수밖에 없다. 정부재화에 대한 개인의 사적균형은 깨져 t' = g' ≠ G, t'' = g'' ≠ G, … 의 부등호가 된다. 그러므로 다음의 정부재화의 입법법칙이 강제된다.

입법의 제4법칙: $\lambda' g' = \lambda'' g'' = \cdots = G$

여기서 λ', λ'', …는 정부재화의 공급량 G에 개인의 필요량 g', g'', … 을 맞추어야 하는 개인의 조회계수이다. "공적재화에 대한 너의 필요량이 공통의 단일수량에 맞도록 그렇게 조회하여 소비하라"의 지시이다. 문제는 개인이 맞추어야 하는 G의 크기의 결정원리이다.

입법의 제4법칙의 질문: 공적재화의 공급량 G는 어떤 원리로 어떻게 결정되는가?

공적재화 공급량 G의 결정원리가 알려지면 공적재화의 생산비에 대한 각자의 조세부담을 결정해야 한다. 공적재화의 사용가격이다. 공유하는 공적재화의 단일 공급량 G에 균형을 맞추는 각자의 조세부담

t', t", …의 크기는 다르다. 개인의 조세부담의 집계가 공적재화의 생산비와 일치하게 된다.

3. H를 단일수량 G가 분할시키면 H = G(S)와 H = G(-S)를 얻는다. 전자에서 H는 단일수량 G에 복종하고 후자에서 H는 단일수량 G에 불복종한다. H = C + F에서 F가 단일수량 G에 불복종하는 가치이다. 여기서 G가 C와 F를 가르는 단일수량인데 그의 결정원리가 문제이다. 그것이 공적재화의 공급량이다. 그러나 그 공급량의 결정원리는 입법부의 결정원리로 이전되는 것뿐이다. 입법부의 공적재화 공급량 G의 결정원리는 무엇인가? 그것은 보편입법 K에 의해 결정되는데 여기서도 보편입법의 결정문제가 제기된다.

입법의 제5법칙

1. 스스로 시초인 자유가 이미 본대로 권리와 정의로 차례대로 변수변환 형태를 바꾸지만 그 원리는 자유의 법칙이고 그를 번역한 것이 입법의 법칙이다. 앞서 말했듯이 법은 공적재화이다. 공적재화의 특성은 공급은 모두에게 균일하지만 비용부담은 개인마다 다르다는 점이다. 공적재화의 결정수단이 투표이다. 대의는 투표의 표현이다. 앞서 4가지 입법법칙에서 제기되었던 4가지 질문, 곧 제1법칙의 보편입법 K, 제2법칙의 법부권리 R, 제3법칙의 법부정의 J, 제4법칙의 공적재화 G의 결정은 모두 투표에 의한 다수결에 의존한다. 이러한 측면에서

보편입법 K, 법부권리 R, 법부정의 J가 공적재화 G이다.

2. 정치기구에서 1인1표 투표는 동일 공적재화에 대한 개인마다 다른 자유의지의 농도와 열의를 동일하게 취급한다. 공립도서관을 짓자는 제안에 대한 투표에 독서를 좋아하는 사람과 싫어하는 사람 공히 각각 1표만 행사할 수 있다. 독서를 싫어하는 사람은 공립수영장의 건축을 선호한다. 도서관과 수영장 가운데 투표용지를 가장 많이 받는 공적재화가 다수결로 결정된다. 투표에 참여한 사람들은 결정된 공적재화의 공유에 개인의 선호를 맞추어야 한다.

3. 1인1표 투표의 문제는 동일 1표에 함축된 독서와 수영에 대한 개인 자유의지의 서로 다른 농도와 열의를 측정할 방법이 없다는 점이다. 1인1표 투표의 단점을 보완하기 위하여 개인의지의 농도와 열의를 표현하는 방법이 압력단체의 출현이다. 그것이 로비단체와 정치적 결사체이다. 결사의 자유의 하나의 근거이다.

1인1표 투표의 또 다른 문제는 어차피 도서관이 다수결로 결정된다고 예상되면 도서관 애호자는 비용분담을 피하고자 자신의 선호를 숨겨도 된다는 점이다. 이른바 무임승차이다. 조세정책의 문제이다.

4. 이보다 투표의 근본적 질문은 개인의 자유의지의 집계 대표인 대의가 투표에 의해 드러나느냐? 대의라는 것이 존재하느냐? 투표에 의해 개인의 자유의지가 전체 속에서 드러나느냐? 말을 바꾸면 입법의 제1법칙-제4법칙에서 K, R, J, G가 결정되는 원리는 무엇인가?

대의가 존재하지 않는다는 것이 애로우(Arrow 1950)의 〈불가능정리〉이다.[49] II권의 주제이지만 여기서는 자유의 자기증식 곱셈법칙과 자기합산 덧셈법칙 자기분할 나눗셈법칙으로 투표에 의한 사회적 선택의 불가능성을 1인1표에 의한 만장일치와 (다수결)부분일치로 소묘할 수 있다.

5. 만장일치부터 본다. 〈공리 2〉의 [개인은 개인의 복종자]를 1회 증식하면 [개인은 [개인의 복종자]의 복종자]이다. 여기서 개인은 비결정이다. 속 괄호를 법으로 보면 [개인은 법의 복종자]와 [법은 개인의 복종자]로 분할된다. 이것은 칸트의 말 "행동은 도덕법칙을 따르지만, 도덕법칙을 위해서 행동해야 한다."와 같은 맥락이다.[50] 여기서 분할의 후자인 [법은 개인의 복종자]의 쌍대표현은 [개인은 법의 복종자 아님]이다. 분할의 전자와 재합성하면 [개인은 법의 복종자 = 개인은 법의 복종자 + 개인은 법의 복종자 아님]의 중첩형식이다. 등호 양변에서 공통의 '개인'을 소거하고 그 법이 만장일치로 결정된 법이라면 [만장일치의 복종자 = 만장일치의 복종자 + 만장일치의 복종자 아님]이 된다. 후자의 측면에서 만장일치는 이루어지지 않는다. 그 의미는 첫째, 만장일치는 〈보조정리 1〉에 의해 중첩형식으로 형식논리 상 불가능하다. 둘째, 〈보조정리 2〉에 의해 메타가 없이 결정된 비결정성의 보편입법은 임의적 임기응변의 법이다. 그 결과 하위법도 비결정이고 개인도 결정되지 않는다. 비결정의 개인들의 만장일치는 비결정일 수밖에 없다. 그들이 만든 법이 다시 비결정의 임기응변이다. 무한순환이다. 셋째, 만장일치의 모든 사람은 한 사람으로 취급된다. 1인왕국의 1인

왕은 자폐적 자기완결 자기조회로 비결정이다. 넷째, 비결정의 무한순환에서 만장일치란 의미가 없다. 법은 일차적으로 강제이며 지시이다. 그러나 강제 없는 법이 있고 법 없는 강제가 있는 것은 법의 애매성 때문이다. 법 없는 강제는 긴급조치이고 강제 없는 법은 포기된 권리 행사이다. 만장일치가 의미가 있으려면 법에 메타가 필요하다. 곧 의사결정에는 "누가 무엇을 선호하느냐 뿐만 아니라 그가 무슨 이유로 그것을 선호하는지를 아는 것이 중요하다."[51] 그 무슨 이유가 메타 = 숨은 손이 된다. 메타가 필요한 이유 가운데 하나가 법의 애매성이다.

7. 하위법의 만장일치는 제약하는 상위법 = 메타에 의해 결정될 수 있다. 그러나 상위법이 없는 최고법의 만장일치는 독재이다. 파시즘의 의미는 일치단결이다. 그들만의 만장일치를 이끌어내는 방식은 자폐적 자기완결 자기조회 구조를 강제로 만들은 비결정이다. 이 비결정을 결정으로 만드는 방법이 독재자의 등장이다. 독재자의 결정은 임의적이다. 상위의 제약이 없는 최고법의 만장일치는 독재자를 필요로 하고 독재자는 만장일치를 요구한다. 곧 [독재 = 만장일치의 요구 = 만장일치의 복종]이다. [독재자 = 만장일치의 복종자 = 만장일치의 복종자 + 만장일치의 복종자 아님]에서 등호 좌변을 등호 우변의 제1항에 연속 대입하면 [독재자 = 만장일치의 복종자 = 만장일치의 복종자 아님 + 만장일치의 복종자 아님 + … ∞]이 된다. 독재자는 법을 지키지 않아도 된다. 그 스스로가 임의적 임기응변의 최고법이다. 쌍대표현은 [독재자 = 만장일치의 복종자 아님 = 만장일치의 복종자 아님 + 만장일치의 복종자 아님의 아님]이다. 등호 좌변을 등호 우변의 제1항에 연속 대

입하면 [독재자 = 만장일치의 복종자 아님 = 만장일치의 복종자 + 만장일치의 복종자 + … ∞]이 된다. 법을 지키지 않아도 되는 독재자는 만장일치 복종의 산물이다.

8. 메타의 부재가 일으키는 만장일치의 순환논리를 예로 들어보자. 경매시장의 낙찰은 참여자 전원이 수긍, 인정하는 만장일치의 결정이다. 그러나 이 만장일치의 결정은 외부메타로서 화폐가 인정되어야 한다. 낙찰물건과 교환되는 물건의 교환비율만이 결정되지 두 물건 각각의 가격은 결정되지 않기 때문이다. 1개의 A와 교환하는 2개의 B에서 A의 가격은 B의 가격에 달렸고 B의 가격은 역으로 A의 가격에 의존하는 무한순환이다. 말을 바꾸면 A의 가격은 B의 가격에 달렸고 B의 가격은 메타에 달렸다. 그 메타가 없다.

9. 만장일치 순환논리의 구조를 캐보자. 〈공리 2〉에서 A가 개인 또는 개인의 의견이었다. 사회의 모든 구성원의 의견 (A', A'', …)이 하나의 의견 A에 대하여 만장일치라면 그 의견에 한해서 모든 사람을 한 사람으로 취급할 수 있다. 그러면 〈공리 2〉의 자폐적 자기완결 자기조회 A' = A'(S)가 만장일치의 구조가 된다. 1인왕국의 개인의사가 1인왕국의 만장일치인 것처럼 [나는 나의 의사결정자]가 [우리는 우리의 의사결정자]의 만장일치로 확대된 것뿐이다. 〈보조정리 2〉에 의해 결정불가능이다. [나는 나의 이성입법자]처럼 [국민은 국민의 입법자]에는 메타가 없다. 앞서 경매시장의 만장일치도 화폐라는 메타가 없으면 결정될 수 없음도 같은 이치이다.

10. 〈입법의 제1법칙〉의 논의에서 개인 (A', A", …)에 대하여 각자의 이성입법 (k', k",…)이 존재함을 보았다. 그러나 그 과정을 보면 고립된 생활이 아닌 경우 개인입법과 개인입법이 상충될 수 있다. 이러한 개인입법질서의 차이를 없애기 위한 어떤 보편입법질서에 수렴할 수 없거나 수렴할 수 있다. 수렴하면 모든 개인 (A', A", …)이 지켜야 할 공통입법 C가 존재하고 앞서 본대로 〈입법의 제1법칙〉이 성립한다. 이때 사회의 모든 구성원의 의사 (A', A", …)가 어느 의견 A에 대하여 만장일치라면 하나의 의사로 취급할 수 있다.

입법의 제5법칙: $\lambda' A' = \lambda'' A'' = \cdots = A$

여기서 λ', λ'', … 은 개인의견의 조회계수로 “너의 의사를 만장일치의 의사에 맞도록 그렇게 조회하여 표현하라”라고 읽는다. 그러나 〈공리 2〉의 A = A(S)는 자폐적 자기완결 자기조회이므로 A가 결정되지 않는다. 개인들은 자신의 다양한 의사를 하나로 결정할 수 없다. 결정이 될 때까지 거듭 투표해도 결정이 나지 않는다. 이것이 스스로 자신의 의사를 하나로 통일하지 못하는 사람들의 만장일치의 정체이다. 〈공리 2〉의 의미를 풀어쓰면 다음과 같다.

보조정리 9: [나는 나의 복종자]의 A = A(S)와 C = C(S)는 만장일치이다.

11. 만장일치는 다른 측면에서 설명할 수 있다. 나 A의 외부메타는

법 C이고, 법 C의 외부메타는 헌법 K이다. 이것이 한 국가의 법체계이다. 그러나 헌법도 자폐적 자기완결의 자기조회 구조 K = K(S)의 [헌법은 헌법의 시초]이므로 스스로 결정되지 않는다. 앞서 A = A(S)를 수학에 비유한 대로 2개의 미지수 K와 S의 구조인 K = K(S)는 무한개 풀이의 방정식에 비유된다. 무한 개 풀이 가운데 K = K(S)를 만족시킨 아무 풀이 K가 임의의 헌법이 될 수 있다.

12. A에 의한 K = K(S)의 분할은 K = A(S)와 A = K(S)인데 쌍대표현은 K = A(M)와 A = K(M)이다. 헌법은 국민에 의해 만장일치로 결정된다. 만장일치가 아니라면 국민A의 일부 γA가 찬성한 헌법 K = γA(M)이다. 따라서 γ = 1의 만장일치에서 K와 M 또는 K와 S는 함께 결정되지 않는다. 무한개 풀이라는 뜻이다.

의사결정에 있어서 모든 참가자의 의견이 통일된 의견을 결정할 수 없는 완전 만장일치가 이 경우이다. 헌법이 결정되지 않는다는 의미는 만장일치의 절차적 요건만 갖추면 헌법을 임의적으로 만들 수 있다는 말이다. 독재헌법이 그 예이다. 헌법의 결정에도 메타가 필요하다. 이것이 메타헌법의 원리이다. III권(헌법의 원리)이 상술한다.

만장일치를 〈표 1-4〉로 반복 설명하면 법 C는 나에게 복종 C = A(S)하고 동시에 상위법인 헌법에 복종 C = K(S)한다. 내가 나라는 A = A(S)는 그의 분할 A = C(S)와 C = A(S)가 합성한 법 C = C(S)(S)가 정의해주듯이 법이 법이라는 C = C(S)는 그의 분할 C = K(S)와 K = C(S)가 합성한 K = K(S)(S)가 보이는 대로 헌법 K가 정해준다. 헌법이 헌법이라는 K = K(S)는 무엇이 정해주는가? 이것은 모두 A = A(S)의 구조에서 제기되는 문제이다. 여기서 국민주권 민주헌법의 근본적인 문제가 대두된다. 나와 이웃이 복종하는 것이 민주헌법 A = C(S) = [K(S)](S)이고, 그 민주헌법은 쌍대표현 K = [A(-S)](-S) 대로 우리에게 복종하며 우리를 존중한다. 풀어쓰면 나와 이웃을 정의하는 것이 민주헌법이고, 그 민주헌법을 국민주권에 의해서 나와 이웃이 만든다. 국민주권은 [국민은 국민의 의사결정자]의 자폐적 자기완결의 자기조회 민주헌법의 순환논리이다. 〈표 1-4〉에서 A = A(S)가 K = K(S)가 되며 거꾸로 K = K(S)가 A = A(S)가 되는 순환논리이다. 이 문제를 포함한 법학이론이 켈젠(Kelsen 1934)의 순수법학이다.[52] 그의 순수법학구조가 순환논리의 비결정임indeterminacy을 밝힌 이는 미삭(Misak 1990)이다.[53]

13. 민주헌법 순환논리의 원인을 찾기 위해 〈표 1-4〉를 다시 보면 법(또는 법부자유)은 헌법에 복종 C = K(S)하는 동시에 헌법이 법에 복종 K = C(S)하는 모습이다. 이것은 헌법이 국가의 최상위법이라는 수직의 법체계에 어긋난다. 완전 역지사지의 대칭분할이 그 원인이다.

〈표 1-4〉 만장일치 헌법의 비결정 구조

A = A(S) →	A = A(S)(S)	A = C(S)		
	C = A(S)	C = C(S)(S)	C = K(S)	
		K=C(S)	K = K(S)(S)	← K = K(S)

또 하나의 원인으로 순환논리에서 벗어나게 하는 시초 = 메타의 요구는 필연이다. 헌법에 메타가 없으면 비결정이고 따라서 그 비결정의 헌법이 나를 정의하지 못한다. 메타가 없는 헌법은 임의적 헌법이고 나를 임의적으로 정의한다. 같은 사람이라도 다른 헌법 하에 놓이면 법적으로 다른 사람이 되는 이치이다. III권(헌법의 원리)이 상술한다.

14. 헌법구조 K = K(S)의 결정불가능의 원인이 〈공리 2〉의 A = A(S)의 결정불가능에 있다.(보조정리 2). 역으로 A = A(S)의 결정불가능의 원인은 K = K(S)에 있다. 헌법은 본질상 그 범위가 유한하다. 자유는 본질상 그 범위가 무한하다. 여기서 헌법제정의 어려움이 있다. 자유의 범위를 제한하려는 헌법, 헌법의 범위를 제한하려는 자유. 그것이 증명불가능자유와 증명가능자유 사이의 긴장관계에 숨은 손 = 메타로써 이성의 참된 입법의 추론 곧 헌법의 원리이다. 말을 바꾸면 유한한 헌법구조 하에 무한의 자유의 법칙을 확보하려는 국민주권 자유민주주의의 문제이다.

15. 〈표 1-4〉에서 헌법 K = K(S)는 자기조회의 비결정이다. 투표로 결정되는 법이 비결정이라는 것은 무슨 뜻인가? K에 관한 무한순환이다. 앞서 보았듯이 K가 하나로 유일하게 결정되지 않는다는 것은 수학적으로는 무한개 풀이에 비유될 수 있다. K가 하나로 통일되지 못하는 중구난방이다. 〈표 1-4〉에서 K = K(S)(S)를 자기분할하면 C = K(S)와 K = C(S)를 거쳐 C = C(S)(S)에 의해서 A = C(S)와 C = A(S)의 분할이

된 후 A = A(S)가 된다. 전자의 A = C(S)는 법제정에 완전 찬성한 나는 그 법에 완전 복종한다는 뜻이다. 후자의 C = A(S)는 법이 동일 정도로 나에게 완전 복종하는 만큼 나를 존중한다는 뜻이다. 법이 나의 완전 보호막이다. 그러나 전자의 쌍대구조 C = A(-S)에서 법이 나에게 불복종하여 존중하지 않고, 후자의 쌍대구조 A = C(-S)에서 나는 불복종하는 법에 찬성하지 않는다. 본원구조와 쌍대구조가 일치하지 않는다. 임의의 만장일치이다. 법제정에 완전복종하고 그 법이 나에게 완전 복종하는 만장일치가 비결정을 초래한다는 것은 역설이다. [개인 = 만장일치의 복종자 + 만장일치의 복종자 아님]가 보이는 대로 반대가 없는 만장일치는 무효이다. 법절차만 따라서 만장일치로 제정된 헌법은 무효이다. 무효란 결정이 되지 않는다는 뜻이다. 만장일치는 1인왕국의 1인국왕의 자폐적 자기완결 자기조회의 비결정이다. 작심삼일의 만장일치는 임의적 비결정의 무효이다. A = A(S) 하에서 결정되는 법과 헌법은 임의의 법이다. 법결정에 A = A(S)만으로는 부족하다.

16. 앞서 언급한 경매시장의 만장일치를 확대하면 경쟁균형시장에서 만장일치가 성립한다. 파레토 최적상태에서 한 사람이라도 반대하던 현재상태가 만장일치의 상태라는 뜻이다. 여기에는 전제가 있다. 참가자끼리 영향을 주고받지 않는다. 투표의 만장일치에서 투표끼리 영향을 주고받지 않는 경우는 상상하기 힘들다. 만일 1인 다표의 투표자끼리 영향을 주고받지 않는 상태에서 한 사람이라도 반대하면 그 법은 통과되지 않아야 한다. 그 이유는 현재상태가 만장일치이기 때문이다. III권(헌법의 원리)에서 상술한다.

입법의 제6법칙

1. 이제 다수결의 부분일치를 살펴볼 차례이다. 비결정 구성원의 만장일치의 문제는 비결정성이므로 독재를 요구하게 된다는데 있었다. 또 하나의 투표방식이 다수결의 부분일치이다. [부분일치의 복종자 = 부분일치의 복종자 + 부분일치의 복종자 아님]이 성립한다. 쌍대표현은 [부분일치의 복종자 아님 = 부분일치의 복종자 아님 + 부분일치의 복종자]이다. 두 표현을 합치면 [부분일치의 복종자 = 부분일치의 복종자 + 부분일치의 복종자 + … ∞]이 성립한다. 만장일치와 비교할 때 부분일치의 특징은 반대자로 인해 법이 부분일치로 통과되지만 그 법은 반대자도 찬성자와 똑같은 대접을 한다.

2. 1인왕국에서 자유의 법칙을 따르는 개인의 입법법칙은 주변의 영향을 받는다. 그는 여전히 1인왕국에서 A = A(S)이지만 그 1인왕국 자체가 사회의 보호 하에 있다. 그렇지 않다면 1인왕국의 자유 F마저 향유되기 어렵다. 사적자유 F의 사회의 보호에 대한 대가가 규격화된 법부자유 C이다. 그러므로 1인왕국에서 나에게 완전복종 A = A(S)하는 나는 사회 속에서는 그 일원으로써 나에게만 완전복종 할 수 없는 부분복종 A = A(γS)이다. A = A(γS)에서 γ = 1이면 완전복종이고 $\gamma \neq 1$이면 부분복종이다. 완전복종은 나의 입법법칙을 완전히 따른다는 뜻이고 부분복종은 1인왕국 밖에서는 나만의 입법을 고집할 수 없다는 뜻이다. 곧 자유의 법칙 H = C + F에서 H〉F이다. 사적입법 F가 원형자유 H에서 법부입법 C만큼 제약된 입법이다. 따라서 1인왕국에서

$A = A(S)$인 개인은 동시에 사회에서 $A = A(\gamma S)$의 양면이다. 분리형은 모순이지만 일체형 $A = A(S) + A(\gamma S)$은 무모순이다. 곧 [개인 = 개인의 완전복종자 + 개인의 완전 복종자 아님]의 중첩형식이다. 분리형을 서로 대입하면 $A = A(S)(\gamma S)$가 된다. 이것을 법 C로 분할하면 $C = A(S)$와 $A = C(\gamma S)$이다. A로 재합성하면 $C = C(\gamma S)(S)$이다.

3. 이 결과를 거시적으로 본다. 1인왕국에서 $A = A(S)$의 개인 A는 국가에서는 국민이 된다. $A = C(S)$의 쌍대표현은 $C = A(M)$이다. 국민주권 하에서 법 C는 국민 A의 작품이다. 곧 C를 법이라고 정의하는 것은 국민이다. 그러나 다수결 입법에서 법 C는 국민의 전부 A가 아니라 국민의 다수 γA의 작품이다.

입법의 제6법칙: $\lambda' A' = \lambda'' A'' = \cdots \neq A$

나머지 $(1-\gamma)A$는 다수결에 동참하지 않은 국민이다. 따라서 $C = \gamma A(M)$이다. 그러나 다수결에 참여하지 않은 나머지 국민 $(1-\gamma)A$도 참여한 국민 γA과 똑같이 국민 A로 정의하여야 하는 것이 법 C이다. $A = C(M)$와 합성하면 $A = \gamma A(M)(M)$인데 쌍대표현은 $A = \gamma A(S)(S)$이다. 1인왕국의 경우와 비교하면 $\gamma A(S)(S) = A(S)(\gamma S)$이 되어 둘은 일치한다. 마찬가지로 $\gamma C(S)(S) = C(\gamma S)(S)$도 일치한다. 수학적으로 표현하면 γ에 대하여 1차 동차이다.

4. 이 일치는 다수결 부분일치의 결과를 1인왕국의 1인으로 축소

해서 볼 필요가 있다. 개인 A는 마음속에 γ는 자기입법을 찬성하고 1-γ는 자기입법을 반대한다. 정초결심의 성공할 확률이 γ이고 작심삼일 확률이 1-γ이다. 1인 입법의 정의는 γM이므로 C = A(γM)인데 국가로 확대하면 C = A(γM)이다. 국민의 경우 앞에서 C = γA(M)이므로 C = γA(M) = A(γM)이 성립한다. 1차 동차이다. 쌍대표현은 A = C(γS)이다. C = A(S)와 합성하면 A = A(S)(γS)와 C = C(γS)(S). 이것이 다수결 부분일치의 정의이다.

> **보조정리 10:** [나는 나의 완전복종자이며 동시에 부분복종자]의 A = A(S)(S*)와 C = C(S*)(S)는 다수결의 부분일치이다. 여기서 S* = γS이고 $\gamma \neq 1$이다.

〈보조정리 10〉의 의미는 다음과 같다. 보편입법 K의 정의는 본질상 유한하며 제한적이어야 하므로 K = K(S)(S)의 무한순환을 K = K(S)(S*)에서 멈추게 하여 유한하며 제한적 S*으로 만들 필요가 있다. 여기서 S는 완전복종이고 S* = γS는 부분복종이다. 비결정이 결정으로 전환된 것은 부분복종이라는 메타가 부여되었기 때문이다. 만장일치와 비교하면 $\gamma \neq 1$이 메타이다. 〈표 1-5〉가 요약이다.

〈표 1-5〉 다수결 헌법의 결정구조

A = A(S)(S*)	A = C(S*)	
C = A(S)	C = C(S*)(S)	C = K(S)
	K = C(S*)	K = K(S)(S*)

자기분할의 본원구조는 A = A(S)(S*)에서 시작하여 C = A(S)와 A = C(S*)의 자기분할에서 C = C(S*)(S)를 거쳐 C = K(S)와 K = C(S*)의 자기분할에서 K = K(S)(S*)로 합성된다. 나는 보편입법을 정의하는 법제정에 완전 찬성하는 측에 속하지 않더라도 A = C(S*)의 다수결로 결정된 법은 찬성한 사람과 똑같이 평등하게 나에게 완전복종 C = A(S) 해야 한다. 그러나 분할의 쌍대구조는 각각 C = A(-S*)와 A = C(-S)이다. 전자의 C = A(-S*)는 법이 나에게 부분복종 하지 않겠다는 것이니 곧 완전복종 하겠다는 뜻으로 C = A(-S*)는 C = A(S)이다. 후자의 A = C(-S)는 내가 법에 완전복종하지 않는다는 뜻으로 A = C(S*)는 A = C(-S)이다. 다수결의 본원구조와 쌍대구조는 일치한다.

5. 종합하면 A = A(S)(S*)와 C = C(S*)(S)가 다수결의 정의이다. 전자를 번역하면 [나는 [나의 복종자]의 부분복종자]이다. 곧 괄호 속의 괄호를 법으로 정의하면 [나는 법의 부분복종자]의 A = C(S*)이며 괄호는 [법은 나의 완전복종자]의 C = A(S). 이것을 재합성하면 [법은 [법의 부분복종자]의 복종자]의 후자가 된다. 다수결 A = A(S)(S*)와 C = C(S*)(S)는 〈공리 2〉를 수정한 〈입법의 제6법칙〉이다. 괄호 속의 괄호를 보편입법 밖의 사적자유라 정의 하면 [사적자유는 법의 부분복종자]이다. 그러면 괄호 속은 [법은 사적자유의 복종자]이다. 이것은 보편입법 안의 법부자유에 해당한다. 종합하면 H = C + F이다. 결국 〈입법의 제6법칙〉에는 보편입법 밖의 사적자유가 보편입법의 메타가 될 수 있는 가능성을 안고 있다. 이것은 보편입법의 결정문제에 있어서 중요한 암시이다. III권(헌법의 원리)의 주제이다.

6. 〈공리 2〉의 [나는 나의 복종자]의 A = A(S)는 아직 법부자유에 의해 제약을 받지 않은 자연 상태에서 〈보조정리 4〉에 의해 내가 자유이고 자유가 나이다. 〈입법의 제6법칙〉의 [나는 [나의 복종자]의 부분복종자]는 자연 상태를 떠나 원형자유의 일부를 법부자유와 교환한 상태이다. 자연 상태의 A는 법치사회에서 A*가 된다. 나는 법부자유에 의해 제약받은 만큼 부분복종자가 된다. 얼마만큼 부분복종자가 되느냐는 법부자유 C = C(S*)(S)의 범위와 사적자유 F = F(S)(S)의 범위의 구분에 달렸고 그 범위의 결정은 보편입법에 의하며 보편입법은 대의에 의해 결정된다.

C = C(S)(S)는 공기저항이 없는 곳의 낙하법칙에, C = C(S*)(S)는 공기저항이 있는 곳의 낙하법칙에 비유할 수 있다. 전자에서 나와 자유는 등치관계이지만 후자에서 나와 자유는 법부자유의 저항만큼 차이가 발생한다.

7. 다수결 A = A(S)(S*)의 비대칭 분할 A = C(S*)와 C = A(S)가 법결정의 열쇠이다. 이것을 A로 합성한 것이 C = C(S*)(S)이고 C로 합성한 것이 A = A(S)(S*)이다. 따라서 다수결 부분일치의 정의는 [C = C(S*)(S)] = [A = A(S)(S*)]이다. 여기서 비대칭 다수결 분할은 자폐적 자기완결 자기조회 구조가 아니므로 무한대 분할이 멈추어 법부자유 C의 범위가 결정되고 나 A도 법으로 정의된다. 곧 다수결 C = C(S*)(S)의 1회 자기증식은 C = C(S*)(S)(S*)(S)인데 마주보는 거울에 비유하면 C가 거울에 되비칠 때마다 작아지고 커지는 모습을 반복한 것이다. 이것은 불가능하다. 마주보는 거울에 되비칠 때마다 모습은 작아져야 한다.

무한순환을 멈춘 C = C(S*)(S)이 법 결정성이다.

명제 2: 다수결 C = C(S*)(S)에서 반대의견은 대의 결정의 필요조건이다.

8. 여기서 비결정이 결정으로 전환될 수 있는 이유는 비결정 무제약 자유에 외부메타인 법이 제약을 부과하기 때문이다. 나를 제약하는 법이 나를 정의하는 외부메타이다. 말을 바꾸면 자유주의 법치국가에서 나는 법의 부분복종자 A = C(S*)이지만, 법은 나의 완전복종자C = A(S)이다. 국민주권 하에서 법 C는 다수결로 결정된다. 내가 완전 찬성하지 않은 법A = C(S*)이라도 찬성한 사람과 마찬가지로 나에게 완전복종 C = A(S)해야 한다. 반대의견이 없으면 법이 결정될 수 없기 때문이다. 반대의견을 존중하고 대우하는 다수결이 법 결정에 필요조건 가운데 하나가 된다.

9. 다수결 부분일치가 결정된다는 이상의 결과에는 하나의 전제가 있다. 하나의 제안을 다수결로 결정하자는 결정이다. 그러나 그 결정은 만장일치가 아니라면 다수결 의결의 결정 역시 다수결이고 그 다수결 의결도 다수결이기 때문이다. [다수결은 다수결의 의결]은 자폐적 자기완결 자기조회 형식이다. 〈보조정리 2〉에 의해 [다수결은 다수결의 의결의 의결의 … ∞]는 비결정이다. 루소도 알고 있었다.

다수결의 법칙도 또한 [다수결] 합의에 의하여 성립한 것으로서 적

어도 한 번은 만장일치를 전제하지 않으면 안 된다.[54]

그러나 앞서 입법의 제5법칙에 의하면 만장일치도 비결정이므로 다수결의 대의는 결정되지 않는다. 〈애로우 불가능정리〉는 메타가 없는 자폐적 자기완결 자기조회의 구조에 관한 정리이다.

입법의 필요조건

1. 이 책은 앞으로 III권이 탐구하는 숨은 손의 도움으로 다수결이 결정된다고 전제한다. 그 이유는 다수결은 법결정에 필요조건이지만 자유를 지키기에는 부족하다는데 있다. 다수결로 결정된 법이 개인의 사적자유를 제한할 수 있기 때문이다. 소수에 대한 다수의 억압을 막을 방법을 강구할 필요가 추가적으로 요구된다. 〈표 1-5〉의 행렬을 〈표 1-6〉의 행렬처럼 확장하면 사적자유가 제한을 받게 되는 F = F(S)(S*)를 볼 수 있다. 다수결이 사적자유를 침해할 수 있다.

〈표 1-6〉 다수결과 소수의 자유

A = A(S)(S*)	A = C(S*)		
C = A(S)	C = C(S*)(S)	C = K(S)	
	K = C(S*)	K = K(S)(S*)	K = F(S)
		F = K(S*)	F = F(S)(S*)

2. F = F(S)(S*)는 무한대 무제약 사적천부자유의 본질에 어긋난다. 예를 들면 조세에 관한 다수결입법이 표현(언론)의 자유를 침해할 수 있고 등록에 관한 다수결입법이 결사의 자유를 제한할 수 있다. 정부에 위임하지 않은 F = F(S)(S)는 〈공리 1〉의 [자유는 자유의 시초]이므로 다수결입법 밖의 사항이다. 질문은 H = C + F에서 법부자유 C가 유한하게 결정 C = C(S*)(S)되는 필요조건이 다수결이라면, 사적자유 F가 입법 밖에서 무한하게 비결정적 F = F(S)(S)이 되도록 만드는 또 하나의 필요조건을 찾는 것이다. 뒤집어 표현하면 다수결에 의한 다수의 횡포를 어떻게 막는가? 다수결입법에 무슨 조건이 추가되어야 하는가? 하나의 예가 표현의 자유를 침해하는 어떠한 법률도 제정할 수 없는 금지입법이다.

앞서 약간 언급했듯이 [표현의 자유 = 표현의 자유 + 표현의 자유 아님 = 표현의 자유 + 침묵의 자유 + 숨은 손 = 긍정의 자유 + 부정의 자유 + 침묵의 자유 + 숨은 손]에서 숨은 손의 부재에서 표현의 자유는 비결정이기 때문에 표현의 자유를 별개의 사안으로 만드는 것이다. 조세법 위반으로 표현의 자유를 억누르려는 자유의 역행은 벌금으로 해결하면 된다. 결사의 자유와 등록을 별개의 사안으로 만드는 것도 또 하나의 예이다. 금지입법이 메타이다.

3. 이 내용은 〈표 1-7〉로 작성하여 설명할 수 있다. 왼쪽은 C = C(S*)(S) → A = A(S)(S*)의 관계가 비대칭분할이고 오른쪽은 F = F(S)(S) → A = A(S)(S)의 관계가 대칭분할이다. 비대칭분할은 결정되고 대칭분할은 비결정이다. 중앙의 A = C(S*)(S) + F(S)(S)는 두 가지 자유의

합성이다. 곧 나의 자유는 결정의 자유와 비결정의 자유의 양면이다. 그것은 제약된 법부자유 C와 무제약 무한대 천부사적자유 F의 합성이다. 곧 다수결 의무입법과 금지입법의 합이다. 여기서 의무입법이란 국민이 입법부에게 위임한 입법권한의 입법의 의무이다. 금지입법이란 국민이 위임하지 않은 권한 행사에 대한 입법의 금지이다. 금지입법은 II권(민주의 원리)과 III권(헌법의 원리)의 주제이다.

〈표 1-7〉 의무입법과 금지입법

$A = A(S)(S^*)$	$A = C(S^*)$		$A = F(S)$	$A = A(S)(S)$
$C = A(S)$	$C = C(S^*)(S)$	$A = C(S^*)(S) + F(S)(S)$	$F = F(S)(S)$	$F = A(S)$

$$\downarrow$$

$$H = C(S^*)(S) + F(S)(S)$$

$$\downarrow$$

$$H = C(S^*)(S) + [\delta(S) + \epsilon(S) + \theta(S) + \mu(S) + \cdots\infty]$$

$$\downarrow$$

H = 의무입법자유 + 금지입법자유

$$\downarrow$$

입법 = 의무입법 + 금지입법

4. 여기서 첫 번째 화살표는 〈보조정리 5〉의 A = H이다. 법부자유 C = C(S*)(S)는 유한하게 결정되고 사적자유 F = F(S)(S)는 무한하여 결정되지 않으므로 다수에 의한 소수의 억압을 금지할 수 있는 것처럼 보인다. 밀(Mill 1861)이 『대의정치론』에서 이미 의무입법과 금지입법의 차이를 인식했다.

행한다는 말은 행위와 아울러 행위 하지 않는다는 것도 포함된 것임을 이해하지 않으면 안 된다.[55]

앞서 소개한 [표현의 자유 = 표현의 자유 + 침묵의 자유]가 이 문장에 부분적으로 어울린다. 그러나 밀이 말하고자 하는 것은 개인이 임의대로 행할 수 없는 것이 법부자유의 역할이고, 개인이 임의대로 행할 수 있는 것이 사적자유의 영역이다. 이 중첩형식을 헌법으로 확대하면 헌법이 할 수 있는 영역과 할 수 없는 금지영역의 중첩형식이 구분된다. 헌법이 할 수 있고 반드시 해야 하는 영역이 의무입법이고 해서는 안 되는 영역이 금지입법이다. 〈정의 6〉에서 사적자유 F가 헌법 밖에 있다는 것은 그것이 헌법 결정에 메타가 될 수 있다는 가능성을 암시한다. 그것의 전범典範이 자유의 법칙이다.

그러나 〈표 1-7〉의 대칭과 비대칭의 결합에는 H = C + F의 자유의 법칙에서 C와 F의 영역구분을 나누는 결정원리가 없다. C = 0이면 법질서가 없는 사회이고 F = 0이면 사적자유가 없는 사회이다. 곧 다수결 의무입법 C = C(S*)(S)와 금지입법 F = F(S)(S)는 각각 독립이 아니므로 헌법에 의해 함께 결정되어야 한다. 〈표 1-7〉의 H = C + F에서 C(S*)(S)와 F(S)(S)는 함께 병존할 수 없다. 그 구분의 결정 원리는 무엇인가? 다른 말로 표현하면 자유의 비결정을 존중하며 의무입법과 금지입법의 중첩형식의 일관성이다. 〈표 1-7〉은 미완성이다. III권(헌법의 원리)이 완성한다.

5. 이 책의 제목인 『자유와 헌법의 원리』가 가리키는 대로 핵심

주제는 [자유는 자유의 시초]와 [헌법은 헌법의 시초]이다. 그러나 자유와 비교하여 헌법의 다른 점은 천부적인 시초가 아니라 인위적인 시초라는데 있다. 헌법에 앞서서 그 제정의 단계가 선행한다는 헌법의 인위적 특성이 헌법결정에 하나의 가능성을 열어준다. 또 하나의 가능성은 헌법 밖 제3영역에 존재하지만 증명불가능으로 금지입법의 영역인 사적자유에 있다.

6. 전자의 가능성은 헌법에 앞선 메타이지만 이것은 최고법인 헌법제정의 단계에 한정된다. 이보다 후자의 경우 헌법 너머에 메타가 있다는데 그 가능성이 있다. 그것이 필요조건인 다수결 의무입법 A = A(S)(S*)와 C = C(S*)(S)의 [나는 나의 부분복종자]에 추가되는 F = F(S)(S)의 [자유는 자유의 시초]의 금지입법의 필요성이다. 헌법의 원리에서 다수결의 법칙 C = C(S*)(S)의 필요조건에 더하여 자유의 법칙 F = F(S)도 필요조건이다. 곧 〈공리 1〉과 〈입법의 제6법칙〉의 결합이 자유헌법원리의 필요조건이다. III권(헌법의 원리)이 상술한다.

입법의 전제

1. 〈공리 1〉의 자유의 정의를 〈공리 2〉의 자유의 법칙으로 전환시키는 주어가 개인이다. 입법법칙의 대상 역시 개인이다. 입법에 앞서 개인의 상태를 생각하지 않을 수 없다. 〈공리 2〉에서 복종자의 반대말은 복종의 대상으로 관습, 윤리, 법, 사상 등이 된다. 재물도 될 수 있

다. 〈공리 2〉는 목적어와 주어가 동일한 자유의 본원문장인데 목적어와 주어의 위치를 바꾸면 복종의 대상이 될 수 있는 것은 관습, 윤리, 법, 사상 등이 아니다. 이 경우 자유의 쌍대문장에 주인 이외는 생각할 수 없다.

공준 4: 나는 나의 주인

2. 〈공리 2〉의 자유가 이성고유의 입법가치일 때 또 〈정의 4〉의 자유가 이성에 의해 이분될 때 그 이성이 존재하는 근거가 생명이다. 경험론의 명제에 의하면 그 "이성은 감성의 노예"이다. 이 명제를 뒤집은 쌍대표현은 "감성은 이성의 주인"이다. 이에 대하여 합리론의 명제에 따르면 그 "이성은 감성의 주인"이다. 감성에 대하여 서로 대입하여 합성하면 [이성은 이성의 주인]으로 자기조회이다. 생명을 메타로 삼으면 이것은 [생명은 이성의 주인]과 [이성은 생명의 주인]으로 자기분할을 한다. 전자는 인간 존재의 뿌리가 생명임을 의미한다. 나는 태어나면서 생명을 얻고 사망하면서 생명을 잃는다. 나의 생명이 곧 나이며 나의 것이다. 후자의 쌍대표현은 [생명은 이성의 주인이 아님]이라는 의미이다. 이성에 대하여 재합성하면 [생명은 생명의 주인]이 된다.

공준 5: 생명은 생명의 주인

〈공준 4〉와 〈공준 5〉는 서로 독립적이다. 각기 메타가 없으면 〈공준 4〉는 〈공준 5〉가 되지 못하며 역으로 〈공준 5〉가 〈공준 4〉이 되지 못하기 때문이다. 이 과정에서 경험론 명제를 이성에 대하여 합리론 명제에 대입하여 재합성하면 [감성은 감성의 주인]이 되는데 앞서 [이성은 이성의 주인]과 비교해 보면 이성과 감성이 서로 독립적인 존재임을 알 수 있다. 이성이 감성의 메타이고 감성이 이성의 메타이다. 경험론과 합리론은 각각 인간 생명의 한 단면만을 보고 있는 셈이다. 곧 [생명은 이성의 주인]과 [생명은 이성의 주인 아님]은 분리형으로 모순이지만 일체형의 [인간생명 = 이성의 주인 + 이성의 주인 아님 = 이성의 주인 + 오성의 주인 + 감성의 주인]은 무모순이다.

〈공준 4〉를 자기증식 곱셈법칙으로 1회 자기증식 시키면 [나는 [나의 주인]의 주인]의 A = A(M)(M) 구조가 된다. 이것을 나눗셈법칙으로 [나는 생명의 주인]과 [생명은 나의 주인]의 자기분할이 가능하다. 이때 분할의 메타는 생명이다.

생명은 자기조회 구조이므로 무한증식 $A = A(M)^{\infty}$가 가능하다는 것은 그 시초가 이 지상에는 없다는 증거이다. 그 스스로가 시작이다. 따라서 [생명은 생명의 시작의 시작의…∞]이다. 천부자유처럼 생명은 천부적이다. 생명은 자유처럼 그 시초부터 스스로 주인이므로 불가양의 근거가 된다.

3. 생명은 자유와 함께 자폐적 자기완결 자기조회 구조의 윤리관이 요구되는 대표적 영역이다. 자살의 정의는 [나는 나의 살해자]이다. A = A(S)의 자폐적 자기완결 자기조회 구조의 비결정이다. 따라서 자살에는 보편입법이 있을 수 없다. 자폐적 자기완결 자기조회의 무한순

환 비결정 구조인 자살의 정의 [나는 나의 살해자]는 [나는 너의 살해자]와 [너는 나의 살해자]로 자기분할 되어 동반자살이 될 수 있기 때문이다. 칸트는 자살이 보편적 도덕법칙이 될 수 없음을 이율배반으로 논증하였다.

4. 적지 않은 사람이 자살을 택한다. 자기 생명을 자기가 버릴 수 있다는 자유가 개인의 자유라면 자기조회의 모든 특성을 가질 수 있다. 그러나 사느냐 혹은 죽느냐의 양자택일의 사전적 선호lexicographic preference 선택의 한계상황 사이에서 강제되는 유일한 선택은 자유가 될 수 없다. 강제 상황은 자유의 영역이 아니다. 자유의 다양성과도 어긋난다. 또한 자살은 사전 자기입법과 현재 자기집행을 하여도 사후 자기심사를 할 수 없다는 점에서 자유의 공리와 충돌한다. 자살은 자기모순이다.

자유의 개념에 자기심사가 중요한 까닭은 자유는 독선이 아니고 다양하기 때문이다. 자살은 자기만의 입법을 따르는 자유에 어긋나는 행위이다. 이미 자유의 기본인 선택의 자유를 잃었기 때문이다. 자살에 외부메타의 도움이 절실한 배경이다.

5. 자유의 법칙은 개인이 할 수 없는 행위를 할 수 있는 자유까지 허락하지 않는다. 말을 바꾸면 자유의 법칙은 개인이 할 수 있는 자유와 할 수 없는 자유의 구분이다. 자살행위는 자기부정의 독선행위이기 때문에 참의 자기조회 구조에 적합하지 않다.

6. 자기부정은 생명의 법칙의 부정이다. 이 명제는 마치 하나님이 전능하므로 스스로 들 수 없는 돌도 만들 수 있다는 부정 명제와 같은 구조이다. 자유의 자기조회 윤리관에 의하면 자유인에게 자기의 생명을 스스로 처분할 수 있는 자유가 없다는 명제는 자기처분도 허락되지 않은 자유를 남에게 그 처분을 양도하는 자유 또한 자유에 속하지 않는다는 명제와 동격이다. 불가양자유의 필수불가결 근거이다. 인신매매 금지가 여기에 기원을 둔다. 그러므로 자유인에게는 자유 없이 생명은 없고 생명 없이 자유가 없다. 이것이 바로 '자유가 아니면 주검을 달라'의 배경이다. 자유의 연산법칙에 뺄셈subtraction법칙이 없는 이유이다.

[자유는 자유의 시초] 이전의 뺄셈상태를 상상할 수 없으므로 〈공리 1〉로 채택한 또 하나의 근거이다. 거시적으로 국가자살이나 국가파괴도 자유의 법칙에 어긋난다. 자유의 뺄셈에 해당되기 때문이다.

7. 〈공준 4〉에서 소유가 없는 주인이란 모순이다. 주인이라 함에는 소유의 자유가 선행되어야 하기 때문이다. 동시에 자유를 소유하지 않은 사람은 종이다. 종이 아니라면 자유의 소유가 선행하여야 한다. 전자에서는 소유가 자유의 선행이고, 후자에서는 자유가 소유의 선행이다. 둘을 합성하면 [소유는 소유의 선행]과 [자유는 자유의 선행]을 얻는다. 말을 바꾸면 [소유는 소유의 시작]과 [자유는 자유의 시작]이다. 소유는 자유처럼 그 스스로가 시초이므로 자신의 주인이다. 곧 [소유는 소유의 주인]. 자기조회 구조이며 양도가 불가하다.

공준 6: 소유는 소유의 주인

〈공준 5〉의 생명의 주인이 나이고 나의 신체이다. 나의 소유인 신체가 노동의 기원이다. 노동은 나의 소유이며 노동의 결과물이 노동의 소유이다. 노동의 용역(서비스)은 임차가 가능하지만 노동 자체는 양도불가이다. 소유물은 양도가 가능하지만 소유는 양도할 수 없다. 인간매매 금지의 근거이다.

8. 〈공준 5〉가 말하는 생명은 개인에게 가장 희소한 것이다. 공기처럼 그 공급이 무한하여 희소하지 않은 것은 소유할 필요가 없다. 개인은 공기에 대해서는 이기심을 드러내지 않는다. 이기심은 희소가치에 대한 소유의 욕망이다. 〈공리 2〉의 천부자유 공리 [나는 나의 복종자]는 자기증식 법칙과 자기분할 법칙에 따라 [나는 이기심의 복종자]와 [이기심은 나의 복종자]로 자기분할이 가능하다. 전자는 나는 이기심에 따라 움직인다는 뜻이고, 후자는 나의 이기심과 다른 사람의 이기심의 충돌을 피하기 위하여 나는 나의 이기심을 억제한다는 뜻이다. 재결합하면 [이기심은 이기심의 복종자]가 되고 뒤집으면 [이기심은 이기심의 주인]이다. 이기심은 소유에 대한 욕망이니 이것이 바로 [소유는 소유의 주인]의 번역이다.

희소성이 소유를 낳지만, 소유의 욕망이 희소성이다. 소유할수록 희소성은 더욱 희소해지기 때문이다. 전자는 희소성이 소유의 주인이고, 후자는 소유가 희소성의 주인이라는 의미이다. 두 문장을 희소성으로 재합성하면 〈공준 6〉이다.

9. 소유는 자폐적 자기완결 자기조회 구조이므로 무한복제 $A = A(M)^{\infty}$가 가능하며 그 시원이 없다는 증거이다. 그 스스로가 시작이다. 곧 [소유는 소유의 시작]이고 자기증식으로 [소유는 소유의 시작의 시작의…∞]이다. 소유는 정태개념이고, 소유의 대상인 재화 또는 재산은 소유주가 바뀌는 동태개념이다. 소유는 소유가 주인이므로 주인이 바뀌는 법이 없다. 비유하자면 예금의 소유주는 바뀌어도 예금의 존재에는 변동이 없다.

10. 소유는 개인 차원이다. 공동의 소유는 소유가 시원을 갖지 않고 그 스스로 시초의 주인이라는 자기조회의 특성에 어긋난다. 소유는 공동체보다 앞선 개념이다. 이러한 특성으로 공동의 소유는 이른바 공유자산의 비극을 초래한다. 공동의 소유란 [나는 나의 소유]를 [나는 너의 소유]이고 [너는 나의 소유]로 분할한 것인데 이것은 [자유는 자유의 시초]가 분할될 수 없는 이치에 어긋난다.

11. 앞서 언급했듯이 자유와 자유가 충돌하여 권리가 생기듯이 소유와 소유가 충돌하여 소유권이 탄생한다. 절해고도의 유일 주민 로빈슨 크루소에게 자유만 존재하고 권리가 존재하지 않듯이 그에게 소유만 존재하고 소유권은 존재하지 않는다. 소유는 절대적이고 소유권은 상대적이다. 소유가 없으면 소유권도 없다.

12. 소유권의 확보는 다른 측면에서도 확인된다. [나는 나의 소유]는 자폐적 자기완결 자기조회이다. 자기증식 곱셈법칙에 의해서 무한

대로 확장할 수 있다. [나는 [[[나의 소유]의 소유]의 소유]의 소유의 … ∞]. 앞서 〈보조정리 2〉에 의해 무모순 자기조회 구조는 증명불가능이다. 내 생명의 기원이 인과법칙이 멈추는 경험세계의 특이점에 있다는 뜻이다. 이 무한대 행렬을 메타의 눈으로 분해하면 나의 원초적 소유는 생명, 생명의 원초적 소유는 자유, 자유의 원초적 소유는 앞서 본 대로 권리이다. 나아가서 권리의 원초적 소유는 정의이므로 자기분할의 나눗셈법칙도 가능하다.

나는 [[[[생명의 소유]의 소유]의 소유]의 소유의 … ∞

나는 [[[자유의 소유]의 소유]의 소유의 … ∞

나는 [[권리]의 소유의 … ∞

나는 [정의의 소유의 … ∞

13. 지금까지 보았듯이 자유, 생명, 소유는 스스로가 시초의 주인인 자기조회의 존재이다. 이미 순차적으로 드러났듯이 자유를 시초로 생명과 생명의 충돌을 막으려는 경외가 안전, 자유와 자유의 충돌을 막으려는 강제가 권리, 소유권과 소유권의 다툼 사이의 질서가 정의이다. 생명, 자유, 소유는 그 존재가 어떠한 개념보다 앞서는 양도불가의 천부의 혜택이다.

공준 7: 생명, 자유, 소유는 그 스스로 시초의 주인이므로 양도불가.

이 양도불가 공준에서 첫째, 생명만 생각해도 앞서 자살구조에서 본 대로 나도 마음대로 처분할 수 없고 그 스스로 주인이기에 생명은 누구에게도 양도와 처분이 불가능함은 당연하다. 둘째, 천부자유로 생각을 옮겨가도 그 확보를 위한 노력으로 고안한 공동체가 시장과 정부이다.(교회는 여기서 다루지 않는다.) 그것이 가능한 것은 이미 본대로 천부자유의 자기증식, 자기분할, 자기합성의 능력 덕분이다. 원형 천부자유 H는 무한차원이므로 계약과 합의에 의하여 유한한 시장 및 정부에게 천부자유의 일부를 위탁하여 법부자유 C로 내생화시켜도 여전히 나에게 남는 무한대 사적천부자유 F는 양도불가하다. 셋째, 마지막으로 소유는 양도불가하나 소유권은 주인이 바뀔 수 있는데 합의에 의한 양도만이 허용된다. 소유권(재산권)의 인정이 법부권리이기 때문이다.

14. 자유, 생명, 사유재산에 영향을 미치는 시장기구는 자생적, 자발적, 자기법칙을 따른다. "시장이 비생산적인 정부의 확장을 억제할 수 있다."는 흄의 말은 혜안이다.

제 3 장
시장의 법칙

행복

1. 자유는 스스로를 지키기 위해 권리와 정의로 진화하지만 그의 궁극적 목적은 개인의 행복추구에 있다. 정확히 말하면 행복추구의 자유에 있다. 모든 사람의 삶의 목표가 생명, 자유, 행복추구라는 것은 자명한 공리이다. 생명, 자유, 재산 가운데 재산이 행복추구로 교체된 것은 재산이 행복추구의 필요조건이기 때문이다. 자유 없는 행복은 생각할 수 없다. 행복의 기준은 좋음/좋음아님이다. 참/참아님의 기준인 자유는 여러 차례 변수변환을 거쳐 마침내 좋음/좋음아님의 행복의 차원으로 좌표전환을 한다.

〈정의 5〉는 [자유 = 입법가능 자유 + 입법불가능 자유]이다. 양변에 공통어미 '법칙'을 더해주면 다음이 성립한다. [자유의 법칙 = 입법가능 자유의 법칙 + 입법불가능자유의 법칙]이다. 지금까지 입법법칙의 전범은 입법가능자유의 법칙에 관한 것이었다. 입법불가능자유의 법칙 가운데 하나가 시장의 법칙에 관한 것이다. 그러므로

자유의 법칙 = 입법법칙 + 시장의 법칙

입법법칙은 자유가 개인행복을 추구하는 정치기구이다. 자유는 행복을 추구하는 또 하나의 통로를 알고 있다. 시장기구의 시장법칙이다. 정치기구가 입법을 매개로 행복추구를 확보하려는 인위적 권력/정의기구라면, 시장은 소유를 매개로 행복을 추구하려는 자연발생의 이익/손실기구이다.

2. 시장의 특징은 제어된 이기심, 소유권, 교환의 자유에 기초한 비인격의 분권적, 자생적 경쟁질서이다. 자생적 질서란 스스로 발생인 만큼 인위적 입법법칙을 발명하지 않아도 되지만 자폐적 자기완결 자기조회 구조의 자기증식, 자기분할, 자기합성이 잘 관찰되는 기구mechanism이다. 〈공리 2〉에 따르면 자유인은 자급자족 경제에서 자기가 생산자이며 동시에 소비자이다. 1인왕국의 사적영역에서 [나는 나의 주인]은 [나는 나의 생산자]이며 동시에 [나는 나의 소비자]이다. 전자가 본원문장이라면 후자는 쌍대문장이다. 두 문장 모두 A = A(S)의 자폐적 자기완결 자기조회 구조이다.

개인 A'이 1인왕국 사적영역의 자급자족 상태를 벗어나 A"와 교환에 참여할 때 A' = A'(S)는 1회 자기증식으로 A' = A'(S)(S)로 확대되고 이어서 A' = A"(S)와 A" = A'(S)로 분할한다. [나는 너의 소비자]이며 [너는 나의 소비자] 또는 [나는 너의 생산자]이며 [너는 나의 생산자]의 분업생산이다. 자유의 법칙은 자기증식의 생산이고 자급자족에서 자유교환으로 이행은 자기분할의 법칙이다. 분업생산의 결과가 자기합성의 최종 소비재이다. 시장이야말로 자기증식 곱셈, 자기분할 나눗셈, 자기합성 덧셈 등 자유의 연산법칙이 활발하게 일어나는 공간이다. 이런 측면에서 시장의 법칙이 자유의 법칙인 또 하나의 이유이다.

시장의 법칙 = 연산법칙 = 자유의 법칙.

3. 시장의 법칙의 원동력은 소비의 증가에 따른 행복의 증진에 있다. 행복에는 세 종류가 있다. 물질행복happiness, 정신행복eudaimonia, 종교지복bliss이다. 물질행복은 욕망의 세계이고, 정신행복은 윤리의 세계이며, 종교행복은 신앙의 세계이다. 물질행복은 이기심의 영역이고, 정신행복은 공감의 영역이며, 신앙의 지복은 일체감의 영역이다. 이 책은 종교지복은 배제한다. 그러므로 세속행복은 물질행복과 정신행복의 합이다. 세속행복 역시 증명할 수 있는 행복과 증명할 수 없는 행복으로 나뉘는데 전자가 물질행복이고, 후자가 정신행복이다.

4. 행복은 만족의 총화이고 만족을 일으키는 능력이 효용이다. 효용은 소비에서 얻어지고 생산의 목적은 소비에 있다. 인격적 정치기구에서 자유 → 권리 → 정의 → 평화 → 행복추구의 진화는 비인격적 시장기구에서 자유 → 생산 → 소비 → 효용 → 만족 → 행복추구의 진화로 변수변환 한다. 과정만 다를 뿐 목표는 동일하다. 곧 시장에서 자유가 구체적으로 변수변환 되는 과정이다. 소비가 가져오리라 기대하는 것은 행복이라기보다 행복추구이다. 이때 행복은 물질행복이다. 소비가 행복을 가져다주느냐는 의문은 오랜 철학적 질문이다. 소비는 행복추구의 필요

조건이지 충분조건은 아니다. 정신행복은 물질행복과 다른 차원이다.

자유가 만족(행복)으로 전환되면 개인의 만족은 모두에게 균일하게 제공되는 공적재화소비의 만족과 개인마다 다르게 얻어지는 사적재화소비의 만족으로 구성된다. 공적재화의 기준은 형평성equity이다. 형평성은 법이 없는 강제이다. 공적재화도 재화인 만큼 그의 목표도 만족 = 행복이며 좋음/나쁨의 차원이다. 그러나 공적재화소비의 만족은 그 공급량이 모두에게 균일하므로 법의 결정 문제가 다시 대두된다. 사적재화의 기준은 효율성efficiency이다. 효율성은 강제가 없는 법이다. 그의 목표도 만족 = 행복이며 좋음/나쁨의 차원이다. 사적재화소비와 공급은 개인마다 다르다. 개인 사이의 사적만족은 비교가 불가능하다. 입법과 독립된 사적영역이다.

5. 재화교환의 자유로 가능한 소비는 여러 가지 시장 간섭에 의한 자유교환의 제한으로 억제되는 일이 발생한다. 바람직하지 않은 것이 독점이다. 독점시장은 독재정치와 같이 개인의 재화교환의 자유를 해친다. 시장의 경쟁이 필요한 이유이다.

보조정리 11: 자유의 확보는 비인격 경쟁시장에서 재화교환의 자유로 가능하다.

경쟁시장의 목표가 재화교환 자유의 확보이다. 소비자주권을 위하여 독점시장을 경계하는 것은 국민주권을 위하여 독재정치를 경계하는 이유와 같다. 시장의 경쟁은 균형가격의 탐색과정이고 균형가격은 만장일치의 결과이다. 모두가 합의에 도달하였다는 것은 모두의 만족이 최대로 되었고 선택의 자유가 최대가 되었다는 의미이다. 경쟁시장균형이 최대다수최대만족 또는 최대다수최대자유를 창출한다. 역도 성립한다. 최대다수최대행복 또는 최대다수최대자유는 시장의 경쟁균형에서 달성된다.(최대다수최대만족 또는 자유는 정확한 표현이 아니다.)

6. 자유를 확보하는 비용이 자유의 가격이다. 그것은 세속의 행복추구에 가격이 발생한다는 의미이다. 앞서 자유에 가격표가 붙는다는 표현은 자유의 체증遞增이 자유의 만족도를 체감遞減시킨다는 현상이라 지적하였다. 여타 조건이 일정할 때 자유의 체증遞增은 자유의 만족도를 체감遞減시키는 위험이기도 하다. 자유의 효용을 점차 인지 못해가는 현상이다.

자유가 체감하는 현상은 자유의 자기시초 때문이다. 앞서 예에서 언급했듯이 여호와가 나는 알파요 오메가라 했을 때 알파가 창조의 날이고 오메가가 심판의 날이듯이 〈공리 1〉의 [자유는 자유의 시초 = 자유는 자유의 시초 + 자유는 자유의 시초가 아님]에서 시초가 아님이 자유의 종말일 수 있다. 여타 조건이 일정할 때 자유는 연약한 식물처럼 자라는 과정이 지나면 스스로 소멸하는 연약한 식물이다. 소멸하지 않으려면 〈공리 1〉의 자유의 시초를 변수변환 시켜야 하는데 그것이 여타 조건의 변경이다.

〈그림 1-7〉이 자유의 한계효용 체감의 법칙을 설명한다. 규모가 증가 할수록 체감하는 자유를 스스로 소멸하지 않도록 끊임없이 고양시키는 변수변환이 여타 조건을 변경시켜 곡선을 위로 이동시키는 것

이다. 가장 중요한 여타 조건이 헌법에 대한 충성선서의 교육이다. 헌법교육은 충성선서의 이유를 가르치는 절차로써 조상이 맺은 사회계약의 유업을 계승한다는 시민의 엄숙한 선서이다. 물질적 유산과 함께 정신적 유산heritage의 계승이다. 헌법은 세대 사이의 사회계약이다. 이민자에게 요구하는 사회계약이 헌법에 대한 충성이다. 또 하나의 세대 사이의 계약이 있으니 그것이 화폐이다. 아래에서 설명한다.

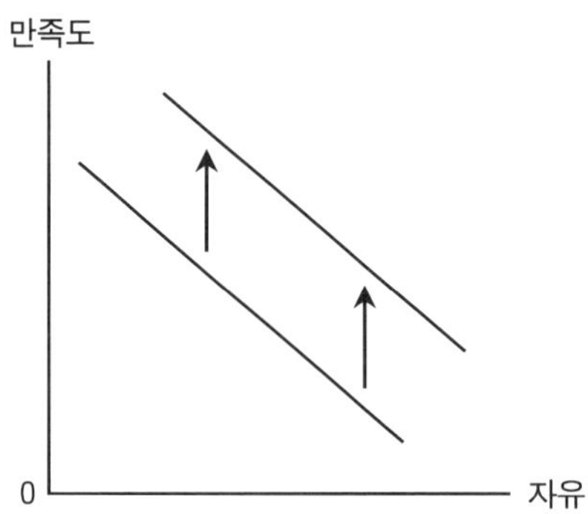

〈그림 1-7〉 자유의 수요

7. 바이마르공화국 헌법은 자유로운 헌법이라고 알려졌지만 자유보다 민주를 강조하였다. 당시의 독일인들은 자유가 넘쳐서 자유의 가격이 영(자유의 한계효용이 0)으로 헐값이 되자 히틀러에게 그 자유를 넘겨버렸다(IV권이 후술). 바이마르공화국은 자유의 시작이었지만 자유의 종말과 함께 공화국도 소멸되었다. 이것이 프롬(Fromm 1941)이 말하는 자유로부터의 도피 현상이다.[56] 자유를 끊임없이 고양시키는 여타의 조건을 소홀히 한 비극이었다.

평화

1. 내가 원하는 재화가 타인의 소유물일 때 나의 소유로 만드는 한 가지 방법은 그것을 강탈하는 나의 무제약 천부자유의 강제행사이다. 이 방법은 타인에게도 마찬가지이므로 두 무제약 천부자유 사이에 충돌이 권리를 낳는다. 권리행사는 그 행사를 가능하게 만드는 정의의 기관이 있어야 한다. 정의와 정의가 충돌할 때에는 정의의 행사를 가능하게 만드는 전쟁이 그 기관이다. 전쟁의 승패는 더 이상의 메타가 부재할 때 비결정이다. 파괴만이 비결정을 결정으로 안내하는 메타가 된다. 또 하나의 메타가 이 비결정 상태에서 강탈한 재화를 지키는 비용이 강탈하여 얻는 혜택보다 크다는 것을 알게 되는 깨달음이다. 이 비용을 줄이는 방법의 모색에서 질서가 탄생하는데 두 가지 길이 있다.

2. 첫째, 자신의 자유를 포기하고 법 위의 절대강자에게 복종하는 것이다. 일종의 사회계약이다. 사람들은 절대강자에게 생명의 안전을 맡기고 대신 최소의 자유만 보유한다. 생명과 자유의 교환이다. 그러나 만인대만인투쟁의 상태에서 나는 너의 적 A' = A''(E)이고 너는 나의 적 A'' = A'(E)이다. 두 구조를 합치면 나는 나의 적 A' = A'(E)이고 너는 너의 적 A'' = A''(E)이다. 모두 각자의 내부에 적을 갖고 있는 인간상이다. 제약된 자유가 치르는 비용이 혜택을 넘어서는 제도는 오래 존속할 수 없다.

3. 둘째, 타인이 원하는 재화를 내가 만들어 내가 원하는 타인의

재화와 교환하는 것이다. 이것은 성경에 기록되었다. 희소하게 만든 자원을 고르지 않게 지역 배분한 하나님이 사람에게 세상을 정복하여 번성하라 명령을 내렸다. 이 모순을 해결하는 방법이 각자에게 주어진 서로 다른 자원으로 각자에게 상대적으로 유리한 서로 다른 재화를 만들어 서로 교환하는 것이다. 상호 이익이 발생하므로 자유와 자유 사이에 충돌이 일지 않는다. 생명과 자유를 교환할 필요가 없을 뿐만 아니라 생명과 자유가 함께 보존된다. 이것이 평화와 안전이다. 교환의 자유는 교환에 참여하는 당사자들 사이에 상대방을 해치지 않고 서로 바라는 바가 성취되지만 신뢰의 비용을 지불해야 한다. 그것은 무제약 무한대 가치의 자유가 시장 질서를 준수하는 제약된 형식의 자유로 변모함을 의미한다.

4. 무제약 무한대의 자유가 서로 충돌하지 않도록 스스로 자유를 제약하는 기구가 자연 발생한다. 첫 번째가 앞서 〈입법의 제2법칙〉의 권리이다. 두 번째가 비인격 시장기구이다. 그것은 자연발생적spontaneous order이다. 자생적 질서는 자폐적 자기완결 자기조회이므로 〈보조정리 1〉에 의해 그와 쌍을 이루는 강제적 질서도 존재한다.

질서 = 강제적질서 + 자생적질서

전자가 법질서이고 후자가 시장질서이다. 강제적 법질서보다 먼저 출현하는 자생적 시장질서의 출현은 자유교환에서 찾을 수 있다. 강제적 법질서의 출현도 가치의 자유와 형식의 자유의 자유교환으로 가능하기 때문이다. 국가보다 시장이 먼저 출현했음을 의미한다. 또한 국가보다 법이 먼저 출현하였다.[57] 앞에서 언급한 [자유의 법칙 = 입법법칙 + 시장의 법칙]의 배경이다.

5. 시장에서 재화의 자유교환이 선행하는 동기는 개인은 홀로 교환이 주는 물질행복을 얻을 수 없기 때문이다. 시장자유는 사적영역의 무제약 자유가 아니라 사적영역 밖에 상대가 존재하는 시장영역의 제약된 자유이다. 교환은 상대를 의식하고 타협을 통해 균형을 모색하는 행위이다. 시장영역에서 발견되는 자유는 자연 상태의 자유가 아니라 신뢰를 바탕으로 세련된 자유이다. 세련 또는 예의polite의 어원은 원석을 보석으로 다듬는 행위polish와 어원이 동일하다. "교환은 사람의 품성을 부드럽게 하는 경향이 있다."[58] 그 이유는 "교환은 서로 원하는 것을 제공함으로써 사람들을 하나로 묶어 사회가 등장하는 터전이 된다. 홍정, 다툼, 동맹, 평화가 모두 여기에서 시작"되기 때문이다.

평화의 중요성은 개인의 창의력 창달에 있다.(정의 3). 전쟁과 억압이 있는 곳에는 창의성이 발휘되지 않는다. 앞서 창의성의 전제가 자유 = 개인의 등치였다. (보조정리 5). 시장에서 자기증식은 생산이고 자기분할은 분업이다. 자기분할의 합성이 창의성이다. 시장에는 자유의 능력이 최대한 발휘되는 창의력이 잠재하고 있다. 그 메타가 상호이익이다.

6. 교환이 이익만이 아니라 손실도 가져다주는 이익/손실의 기구임을 생각하면 교환의 마력은 안전과 평화이다. "국가는 도덕보다는

재력에 의해서 평화를 유지할 수 있음을 깨닫게 될 것이다. … 통상정신은 전쟁과 병존할 수 없기 때문이다."[59] 그 시작이 교환의 출현이다. 교환의 참가자가 상호이익을 얻을 수 없는 경우가 교환을 제약하는 전쟁의 경우이다. 전쟁은 제로-섬게임이지만 시장은 포지티브-섬게임이다. 전장은 강자가 약자를 굴복시키지만 시장은 약자도 그 공동체 common-wealth 안에서 능력에 맞게 자유로운 삶을 영유하게 한다. 이것이 자유공동체 곧 국가이다.

7. 앞서 프롬(Fromm 1941)의 『자유로부터 도피』가 주장하는 것은 사람들이 자유보다 평화/안전을 선호한다는 것과 동시에 자유가 넘치면 스스로 결정해야할 사항이 많아져 오히려 불안해진다는 것이다. 그는 자유와 평화를 경쟁적인 관계로 보았다. 그러나 자유와 안전이 함께 확보되는 기구는 시장밖에 없다. 자유에서 평화까지 계보를 그리면 다음과 같다.

이성의 입법가치:	자유 →	권리 →	정의 →	평화 →	행복
입법가치의 기준:	(참/참아님)	(옳음/옳음아님)	(이다/이다아님)	(안전/안전아님)	(좋음/좋음아님)
입법가치의 질서:			정치질서 (권력/통치)	시장질서 (이익/손실)	

역사를 보면 초기기독교 세계에서 참/참아님이 가치의 기준이었다. 중세까지 사회적 덕목의 기준은 옳음/옳음아님으로 판단하였다.

계몽주의 이후 그 기준은 과학에서 이다/이다아님과 사회과학에서 좋음/좋음아님이 병행하였다. 증거주의에 영향을 받은 법원의 기준이 이다/이다아님이 되었다. 그 기준의 중심도 교회에서 시장으로 이동하였다. 시장이 세계로 확대되면서 안전/안전아님의 지평이 넓어져 간다. 그것이 칸트 영구평화의 요체이다.

시장의 제1법칙

1. 시장의 경쟁법칙의 수단이 화폐단위인 원, 달러, 파운드 등 투표단위이고, 원, 달러, 파운드 등을 인쇄한 지폐는 투표용지이다. 시장에서는 화폐투표용지를 가장 많이 받는 상품이 만들어지고 소비된다. 반대로 이 화폐투표용지를 얻지 못하는 상품은 만들어지지 않고 소비되지도 않는다. 이 투표제도에는 투표용지를 소유할 수 있는 크기의 제한이 없다. 따라서 정치적 결정은 투표용지의 1인1표의 다수결 투표로 결정되지만, 시장의 결정은 화폐투표용지의 1원1표의 다원결 투표로 사적재화의 생산과 소비가 결정된다.

시장의 제1법칙: 1원1표 투표의 법칙이다.

2. 사적재화가 교환되는 시장이 자유의 법칙이 나타나는 또 하나의 기구이다. 시장의 입법법칙이 경쟁법칙이고 경쟁법칙이 자유의 법칙이다. 경쟁 속에서 사적재화를 구매하고자 하는 개인은 그 구매의

농도와 열의를 숨기지 못한다. 사적재화에는 무임승차가 불가능하다. 자신의 구매 의지를 시장에서 남김없이 드러내기 전에는 원하는 상품을 구매할 수 없기 때문이다. 시장에서는 숨은 손이 숨을 수 없다.

3. 정치기구의 입법법칙이 1인1표 다수결 투표의 운영제도이고 시장기구의 시장법칙이 1원1표 다원결 투표의 운영제도라는 점에서 보면 정치기구와 시장기구가 모두 공통적으로 투표제도이다. 투표로 대의를 결정한다. 대의가 공적재화와 사적재화를 각각 결정한다. 정치기구에서 투표는 개인의 자유의사를 숨겨도 되지만 시장기구에서는 개인의 자유의사를 숨길 수 없다. 전자는 증명불가능자유의사이고 후자는 증명가능자유의사이다. [원형자유의사 = 증명가능 안 자유의사 + 증명가능 밖 자유의사]의 중첩형식이다.

자유의사가 투표로 표현되므로 증명가능자유의사 영역이 클수록 시장의 영역이 커지고 증명불가능자유의사 영역이 클수록 정부의 입법이 확대된다. 전자의 경우가 시장입법의 법칙이고 후자가 정치입법의 법칙이다. 입법의 법칙과 시장의 법칙은 어떻게 분할되느냐? 그것은 상품의 정의와 직결된다. 증명불가능자유의사의 존재가 대의로 나타나느냐?

시장의 제2법칙

1. 교환경제 이전 자급자족경제에서 [나는 나의 생산자]이다. 그 쌍대구조는 [나는 나의 소비자]이다. 둘을 합치면 [나 = 나의 생산자 + 나의 생

산자 아님 = 나의 생산자 + 나의 소비재의 중첩형식이다. 기호로 표시하면 A = A(S) + A(-S)이다. 자급자족경제에서 자기소비가 효용의 원천이다. 효용에서 얻는 만족 또는 행복은 소비자에게 혜택이다. 이 효용의 혜택을 얻는 데에는 만족의 가격을 지불해야 한다. 자급자족경제에서 모든 개인 (A', A'', …)은 1재의 소비에서 얻어지는 효용의 혜택 (m', m'', …)과 만족을 충족시키는 만족가격 (p', p'', …)을 일치시켜야 한다. m' = p', m'' = p'', …. 앞서 본대로 각각의 자급자족경제는 비결정이다.

2. 자급자족경제의 이 비결정을 조금 다르게 설명할 수 있다. 〈정의 9〉의 자폐적 자기완결 자기조회 구조 A = A(S)를 A'으로 분할시킨 A = A'(S)와 A' = A(S)의 교환경제로 전환할 수 있다. 곧 [A는 A'의 가치척도]이고 [A'는 A의 가치척도]이다. 이것을 재합성하면 A' = A'(S)이다. 교환경제의 A와 A'는 비결정 구조이다. A' = A'(S)(S)를 같은 방식으로 또 다른 만족가격 p'에 의해 p' = A'(S)와 A' = p'(S)의 3차 분할이 합성한 p' = p'(S)(S)은 p' = A''(S)와 A'' = p'(S)의 4차 분할을 거쳐 제3의 개체 A'' = A''(S)(S)가 된다. 이 과정은 계속되어 각각의 (A', A'', …)에 대하여 만족가격 (p', p'',…)가 존재한다.

3. 〈정의 9〉의 A = A(S)를 분할하는 시장가격 P를 필두로 모든 개체의 만족가격 p', p'', … 의 집합에서 m' = p' ≠ P, m'' = p'' ≠ P, … 라고 정의하면 P는 모든 개체 A', A'', …에게 공통적으로 적용되는 하나의 재화가격 P가 된다. 이것이 하나의 물건에는 하나의 가격만이 형성되는 1물1가의 법칙이다.

시장의 제2법칙: $\lambda' p' = \lambda'' p'' = \cdots = P$

여기서 $\lambda', \lambda'', \cdots$는 1물1가의 P에 자신의 만족가격 p', p'', …을 맞추려는 개인의 조회계수이다. 곧 "너의 만족가격이 공통의 시장가격에 맞도록 그렇게 조회하여 소비하라."라고 읽는다. 이것이 한계효용 균등의 법칙의 요체이다.

4. 앞서 자기분할 나눗셈법칙에서 자유의 다양성을 확인하였다. 그 한 예가 시장에서 재화를 교환하는 두 사람 A'와 A''의 경우이다. 두 사람은 여러 가지 면에서 다르다. 예를 들면 A'는 농업생산자이고, A''는 공업생산자이다. A'와 A'' 사이에 교환이 가능한 것은 이 상이함에 있다. 그러나 교환행위는 대등하다. 대등은 평등이고 균등이다.

5. 이 내용을 약간 다르게 설명해 보자. 가격이 P인 재화 X를 구입하는 A'와 A''를 본다. A'는 재화 X를 구입하면 얻는 만족가격이 p'인데 이 만족을 얻기 위해 지불해야 하는 비용이 X의 가격 P이다. 기호로 표현하면 시장의 법칙의 $P = \lambda' p'$이다. 마찬가지로 A''에게는 $P = \lambda'' p''$이다. 두 사람은 여러 면에서 다르므로 동일재화에 대한 만족은 다르다. 그러나 그가 원하는 재화 X를 얻으려면 동일가격 P를 수용할 수밖에 없다. 두 사람에게 동일하게 요구하는 시장가격 P에 각자의 만족가격 p'와 p''를 각자의 조회계수 λ'와 λ''로 조정해야 한다. 조회계수는 각자가 만족을 얼마나 평가하느냐에 달렸다. 이것이 평등하지 않은 사람이 시장에서 평등해지는 자유교환의 원리이다. 파는 사람은

사는 사람의 경제적 상태를 모르고 사는 사람도 파는 사람의 경제적 상태를 알 필요도 없지만 교환의 순간 두 사람을 대등하고 평등하게 만드는 것이 교환가격 P이다. 고센(Gossen 1854)의 제2법칙이다.

6. 시장가격 P의 결정원리가 알려지면 이 지시에 따라 각자의 소비량이 결정된다. 단일의 시장가격 P에 균형을 맞추는 각자의 소비량 q', q", …의 크기는 다르다. 질문이 제기된다.

시장의 제2법칙의 질문: 1물1가의 P는 어떻게 결정되는가?

해당재화의 수요와 공급에 의해서 결정된다. 그러나 다른 재화 가격이 영향을 준다. X재 1단위와 Y재 2단위 사이에 교환비율이 X = 2Y 라고 표기한다. 이것을 Y재 단위로 표현하면 Y = X/2이다. Y재 1단위와 X재 1/2단위의 교환이다. X재를 측정단위로 삼으면 [X는 Y의 가치척도]이고, Y재를 측정단위로 삼으면 [Y는 X의 가치척도]이다. 둘을 합치면 [X는 X의 가치척도] 또는 [Y는 Y의 가치척도]의 자기조회 구조가 되어 재화가격이 물물교환에서 결정되지 않는 자폐적 자기완결이다. 자기조회 구조이기 때문이다. 재화의 종류가 N개로 확대하여도 마찬가지이다. (N-1)!개의 교환비율만 결정될 뿐이다. 이때 하나의 재화를 가치척도로 삼으면 결정해야 할 나머지 가격이 (N-1)개로 줄어든다. 그러나 기준이 되는 그 가치척도 재화의 가격 역시 여전히 결정되지 않으므로 나머지 (N-1)개 가격도 결정되지 않는다. 이것이 〈시장의 제2법칙의 질문〉이다.

7. 시장에는 소비재시장뿐만 아니라 생산재시장도 있다. 이 경우 〈시장의 제2법칙〉에서 p', p", … 등은 개별생산자가 지불할 용의가 있는 생산재 가격이고 P는 생산재의 시장가격이다. 여기도 동일한 질문이 제기된다. 생산재는 미래소비재를 생산하는 생산요소이다. 생산요소에는 노동도 있다. 이 경우 〈시장의 제2법칙〉의 p', p", … 등은 개별생산자가 지불할 용의가 있는 임금이고 P는 시장임금이다. 노동은 가변요소이고 생산재는 고정요소이다. 고정요소에 대해서는 II권이 상술한다.

시장의 제3법칙

1. 앞서 본대로 교환시장은 그 자체가 전형적인 자폐적 자기완결 자기조회의 구조이므로 교환비율만 결정되고 그 자체만으로는 시장가격 P가 결정되지 않는다. 시장에서 모든 개별 상품가격이 결정되려면 시장에 외부메타가 필요하다. 화폐가 1물1가의 시장가격 P 결정의 메타이다. 〈시장의 제2법칙〉은 개별상품의 가격 P에 관한 법칙이다. 수많은 상품에 각각에 대해서도 각각의 법칙이 존재한다. 논의의 단순화를 위하여 단일상품의 경제를 생각하자. 국내총생산이 단일상품에 해당한다. 그러면 〈시장의 제2법칙〉이 경제전체에 적용될 수 있다. 그리고 〈시장의 제2법칙〉을 그 단일상품과 교환하는 화폐가 존재하는 화폐경제로 확대할 수 있다.

시장의 제3법칙: $(\lambda' p' = \lambda'' p'' = \cdots) xY = PxY = M$

〈시장의 제3법칙〉에서 마지막 등호는 PxY = 1xM의 관계이다. 곧 화폐가 1번 회전하여 가격이 P인 상품수량 Y개와 교환하는데 가격이 1인 화폐량 M이 필요하다. 화폐경제의 교환에서 화폐의 가격을 1로 정하고 모든 상품가격을 상대적으로 측정한다. [화폐의 가격은 화폐의 가격의 척도]는 자폐적 자기완결 자기조회의 비결정이다. 화폐의 명목 가격을 결정하지 못하므로 수많은 화폐의 명목가격 가운데 1로 정하고 그에 따라 상품의 가격이 정해진다. 화폐의 명목가격을 2로 정하면 상품의 가격이 모두 2배가 된다. 곧 2PY = 2M이다. 영국은 기니guinea를 이용하여 1파운드를 12기니라고 정하였다.

〈시장의 제3법칙〉의 마지막 등호를 Y = M/P로 표현할 수 있다. 화폐가 1회전하여 가격이 1인 상품의 수량 Y를 가격이 1/P인 화폐 M과 교환한다는 의미이다. Y가 가치척도가 된다. 이때 1/P은 화폐의 실질가격인 구매력이다. 화폐량이 많아지면 화폐의 실질가격은 하락한다. 사유재산의 간섭이다. 여기서도 질문이 제기된다.

시장의 제3법칙의 질문: 화폐량 M의 결정원리는 무엇인가?

2. 이 질문의 요지는 화폐량 결정의 기능성을 말하는 것이 아니다. 화폐가치의 안정성이 사회의 자유지수의 첫 번째 항목이다.[60] 지폐의 교란을 사회전복의 위협으로 본 사람이 케인스이다. 시장가격 P의 메타가 지폐 M이고 지폐의 메타가 신뢰라는 명제는 지폐의 수명이 무한함이 증거 한다. 지폐에는 만기가 없다. 지폐는 액면을 바꾸거나 형태를 바꿀지언정 그 수명은 역사적으로 무한하다. 신뢰를 거스르는 인위

적 혁명으로 지폐의 수명이 다하는 역사적 사실도 있다. 또는 인위적으로 화폐의 가치를 훼손한 경우도 많았다. 이 역사적 교훈으로 화폐가치를 정부에 맡기지 않는다.

시장의 제4법칙

1. 화폐는 이성고유의 계산가치척도이다. 가치세계의 [화폐는 화폐의 시초]이다. 최초의 재화가 아담의 사과라면 그 사과의 가치는 측정할 방법이 없다. 앞서 교환경제에서 재화의 종류가 N개로 확대하여도 (N-1)!개의 교환비율만 결정되는 것을 보았다. 하나의 재화를 가치척도로 삼으면 교환비율이 (N-1)개로 줄어들기 때문이다. 그리고 그 기준이 되는 가치척도 재화의 가격을 1로 정하면 그것이 가치척도numeraire가 되면서 나머지 N-1개 재화가격이 결정된다. 곧 화폐는 그것이 무엇이건 그의 가치를 1로 정하고 그와 교환되는 나머지 다른 재화의 가격을 상대적으로 결정한다. 1이 자연수에서 시작하는 수의 시초처럼 1에서 시작하는 화폐의 가격도 모든 재화가격의 시초이다. 그 재화가 화폐라면 [화폐가격은 화폐가격의 시초]이다. 화폐는 초월세계의 [자유는 자유의 시초], 실정법체계의 [헌법은 헌법의 시초]와 함께 3대 시초 가운데 하나이다. 이밖에 도량형도 스스로 시초가 되지만 국제적으로 표준화되어 있으므로 여기서 제외하지만 임의적이다. 절대적 도량형은 불가능하다. 모두가 사용하는 언어도 스스로 시초이지만 여기에서 논의하지 않는다.

2. 이것은 화폐 고유의 절대가격이 비결정이라는 뜻이다. 화폐 자신의 가격의 비결정성은 외환시장에서 외환의 교환비율 곧 환율만 존재하지 각국화폐의 고유 절대가격이 보이지 않는 것을 보면 알 수 있다. 이것이 바로 시장경제의 최종 모습이며 그의 비결정성을 드러낸다. 국제경제가 불완전(불안정)한 이유의 하나가 바로 각국의 화폐가격이 결정되지 않는데 기인하는 면도 있다. 흡사 법체계의 정점인 헌법이 비결정이면 모든 하위 법률이 비결정이 되는 이치와 같은 이치에 비유될 수 있다.

3. 고대에 화폐주조의 권리가 정부통치권의 불가결한 부분이 되었다. 권한은 점차 법률로 성문화 되었다. 이 사실은 언어를 통해 추적할 수 있다. 수를 나타내는 넘버number는 라틴어 누무스nummus인데 화폐라는 뜻이다. 이 말은 다시 그리스 노미스마nomisma에서 유래되는데 이것은 관습과 법을 의미하는 노모스nomos에서 유래되었다.

화폐와 법은 동일 어원의 차원에서 보면 〈입법의 제1법칙〉이 보편입법의 존재에 관한 법칙인 것처럼 화폐의 존재에 관한 법칙도 존재한다. 18세기 영국에서 공적재화public good와 공공선public good은 동일한 의미였다. 공동선common good과 병용하기도 하였는데 이것이 축적으로 확대된 개념이 공동체common wealth이다. 곧 상품good = 좋음good은 동일 의미였다. 이에 대해 폐품bad = 나쁨bad이다. 악법과 쓰레기가 그 예이다. 상품과 좋음의 가격은 양의 가격이고 폐품과 나쁨의 가격은 음의 가격이다. 자유에는 곱셈, 나눗셈, 덧셈의 법칙이 있지만, 폐품과도 교환하는 화폐에는 여기에 뺄셈이 추가된다.

4. 앞서 본대로 A = C(S) + C(-S)에서 나는 법에 복종하며 법은 나에게 복종한다. 마찬가지로 나는 화폐에 복종하고 화폐는 나에게 복종한다. A = M(S) + M(-S). 이 두 문장을 합성하면 [화폐는 화폐의 복종자]이며 동시에 [나는 나의 복종자]가 된다. 그러므로 화폐에 관한 공리도 두 가지이다. [화폐가격은 화폐가격의 시초]와 [화폐는 화폐의 복종자]이다. 〈보조정리 1〉과 〈보조정리 2〉가 화폐에도 유효하여 H = C + F이다. 화폐의 법칙도 자유의 법칙과 같은 구조이므로 덧셈법칙, 나눗셈법칙, 덧셈법칙을 따른다. 그 결과 〈보조정리 1〉과 〈보조정리 2〉에 의해 [화폐의 가치 = 증명할 수 있는 가치 + 증명할 수 없는 가치]의 중첩형식이다.

화폐의 가치는 역으로 말하면 그와 교환되는 재화의 가치이다. 사유재산의 가치이다. 따라서 재화의 가치도 증명가능가치와 증명불가능가치의 합이다. 증명할 수 있는 가치는 시장가격이다. 증명할 수 없는 가치는 그 시장가격의 상품을 구매하는데 소모되는 소비자의 시간가격이다.[61] 소비자마다 시간가격은 다르고 구매하는데 소모되는 시간도 다르다. 시간시장은 존재하지 않으므로 증명불가능이다.

5. 역시 〈보조정리 1〉과 〈보조정리 2〉에 의해서 증명할 수 있는 가치 속에 포함된 화폐의 가치는 하늘에 기원을 두었던 고대까지 소급된다. 이 소급을 보기 위해서 자폐적 자기완결 자기조회 [화폐는 화폐의 복종자]의 곱셈, 나눗셈, 덧셈의 연산법칙을 다시 본다. 지폐는 금속화폐에서 발전한 것이다. 연산법칙은 지폐를 통해서 고대의 금속화폐까지 소급될 수 있다. "화폐는 [사회]계약의 근원"이다.[62]

6. [지폐는 지폐의 복종자]의 기호표현 A' = A'(S)를 1회 증식하면 A' = A'(S)(S)이다. [지폐는 지폐의 복종자의 복종자]는 자기증식 곱셈 법칙이다. 이것은 오늘 A'에게 지폐를 넘기는 A"와 A' 사이의 분할로 바뀐다. 지폐를 A'에게 넘기는 A"의 행위는 어제 A'''로부터 수령한 그 지폐를 오늘 넘겨줄 A'이 있다는 확신 때문이었다. 연속적으로 그 전날에도 동일한 분할이 일어났다. 기호로 표시하면 A' = A'(S)(S)가 분할한 A' = A"(S)와 A" = A'(S)의 합성 A" = A"(S)(S)를 다시 A" = A'''(S)와 A''' = A"(S)로 분할한다. 이런 식으로 과거로 거슬러 올라갈 수 있다. 그 사이 화폐형태가 바뀌는 사태가 발생해도 구화폐와 신화폐의 교환은 계속 이어져 왔다. A'의 메타는 A"이고 A"의 메타는 A'''이다. 메타의 행렬은 소급하여 (A', A", A''', … ∞)는 무한대 과거 세대 사이의 계약이다. 곧 과거와 오늘의 거래이고 오늘과 내일의 거래이다. 과거로 이어지고 미래로 이어진다. 이 무한대 과거 실적이 누적되어 지폐는 현재와 미래에 유통되는 능력을 갖게 된다. 덧셈법칙이다.

7. 화폐역사를 보면 고대 그리스는 모네타라는 화폐신전을 모셨다. 고대 페르시아는 금화에 다리우스 국왕이 하늘에 무릎을 꿇는 모습을 새겼다. 왕권신수설의 필수장치였다. 그 전통이 영국 파운드화에 국왕의 초상화에 남아있다. 근대에 와서 미국 달러화에 "우리는 하나님을 믿는다. In God We Trust"라는 문장은 시편 91편 2절에 그 근거를 둔다. 이러한 이유로 미국은 또 하나의 세대 사이의 계약인 연방헌법이 "도량형과 화폐주조에 관한 권한은 입법부에 있다."고 화폐공급권한을 입법부에 부여하였다. 지폐가 도량형과 함께 정부 밖 헌법사항이

어야 한다는 내용이다. 연산법칙이 적용되는 도량형도 화폐처럼 측정의 시초이다. 시초에는 언어도 있다. 화폐는 언어이다.[63] 언어는 표현의 자유에 속하는 헌법 사안이다. 표현형식만 다를 뿐 모두 화폐가치가 자유처럼 하늘에서 연유한 자폐적 자기완결 자기조회임을 의미한다. 그것은 화폐가 본질적으로 세대 사이의 계약임을 강조한다. 화폐가 최소한 헌법사항이어야 하는 이유이다.

시장의 제4법칙: 화폐는 정부 밖 헌법사항이다.

8. 또 하나의 근거가 앞서 [화폐의 가치 = 증명할 수 있는 가치 + 증명할 수 없는 가치]에서 증명할 수 없는 가치이다. 법으로도 증명할 수 없다. 도덕법칙은 초월세계의 법칙이다. 그러나 도덕철학자 칸트는 "국가권력 하의 여러 수단 가운데 재력이 가장 의지할 수 있는 것이므로 국가는 도덕보다는 재력에 의해서 평화를 유지할 수 있음을 깨닫게 될 것이다."[64]의 문장에서 평화를 유지하는데 재력, 그러니까 곧 재력의 핵심인 화폐를 도덕보다 우위의 권력에 두었다. 도덕보다 우위라면 법보다 우위이다.

칸트가 초월세계의 존재를 신, 자유, 영혼불멸로 꼽았을 때 인간 행위의 근거를 의지에 두고 의지의 유래를 자유에서 찾았다. 자유의 유래에 대해서는 침묵하여 자유를 스스로의 시초임을 암시하였다. 이것을 신에 적용할 수 있다. 앞서 보았듯이 "우리는 하나님을 믿는다."의 화폐문구가 바로 이것이다.

제 4 장
자유의 차원

가치의 자유

1. 지금까지 본 대로 자유의 형식은 헌법이 가르는 법부자유 C와 사적자유 F의 합이다. 법부자유는 공적이고, 평등하고, 입법가능하고, 권력분산이고, 예측가능하고, 안정적인 기본질서이다. 사적자유는 개인적이고, 효율적이고, 무제약이고, 입법불가능이고, 불가침이고, 진취적이고, 창조적이며, 개인마다 가변적으로 추가되는 자유이다. 종합하면 입법의 법칙과 시장의 법칙을 유도한 자유의 법칙(정의 1-10)은 하나의 정형식으로 요약된다.

정형식 1: 자유의 형식 H = 기본형식 C + 추가형식 F

2. 결국 자유의 형식이란 이성입법이 할 수 있는 능력과 할 수 없는 능력의 구분이다. 그것은 개인 이성능력의 한계에 좌우된다. 마치 지켜야 할 의무계명과 해서는 안 되는 금지계명을 분별하는 십계명에

비유할 수 있다. 그 십계명을 모세가 이스라엘 백성을 다스리기 위하여 시나이 산에서 여호와로부터 받은 사건은 "법이 없으면 자유도 없다"로 요약된다. 긍정문으로 바꾼 "자유를 원하면 법을 만들어라."에서 자유란 법에 복종하는 법 안의 법부자유 C(S)이다. 그러나 자유의 법칙은 법의 밖 사적자유도 포함한다. 이것이 C(-S)의 "자유를 원하면 법을 없애라." 또는 사적영역에는 "법이 없어야 자유롭다."이다.

3. 자유를 비시장정치기구, 비정부시장기구, 사회계약의 헌법기구 안에 권리교환의 자유, 정의요구의 자유, 재화교환의 자유, 자유교환의 자유로 형식화하였다. 이것이 자유의 기본형식이다.

원형자유의 영역은 무한대이므로 자유를 제도권 안에 형식화하여도 남는 사적자유의 무한대 영역은 여전하다. 그리고 이 무한대 사적자유의 영역에서 나는 여전히 무한대 무제약 독재자이다. 이 사적자유는 가치의 자유이다. 가치는 개인의 이념이다. 곧 이성의 개념이다. 이것이 제2장 첫머리에 자유가 "이성 고유의 참된 입법가치"라고 정의한 이유이다. 가치의 자유는 평등하지 않은 것이 특징이며 개인 고유의 영역에서 개인마다 천차만별로 가변적이다. 자유의 가변형식이다.

4. 모든 사람이 오른손을 사용해도 내가 왼손을 사용하는 것을 존중하는 형식이다. 오른손 사용에 대하여 나는 거부권veto을 갖는다. 모두가 찬성하지 않아도 내 생각을 말하고 고집을 밀고 나갈 수 있다. 한 사람의 독재를 인정하지 않는 것처럼 한 사람의 반대도 억압하지 않아야 하는 자유의 가변형식이 자유주의 명제이다.

명제 3: 자유주의는 가치의 자유가 최고의 덕목이 되는 이념(이성의 개념)이다.

자유주의라는 단어가 처음 문헌에 등장한 것은 1821년이다. 그것은 개인주의(자유의 법칙), 소유주의(권리의 법칙), 시장주의(시장의 법칙)으로 요약된다.[65] 자유주의는 가치의 자유주의이다. 자기심사는 가치의 자유가 최고의 덕목이 되는 판단이다. II권의 주제 가운데 하나이다.

금지입법

1. 자연 상태를 떠나 사회계약 하에 정부기구에 참여하는 개인의 손익계산서를 보자. 포기한 것은 일부 천부자유와 천부권리이다. 그 반대급부로 얻은 것은 법부자유와 법부권리의 확보이다. 사회계약은 형식뿐만 아니라 내용이다. 법부자유의 존재가 그것이다. 또 법부자유의 영역을 법률로 변경시키는 행위에 찬성하는 자체가 법부자유와 사적자유를 교환하는 계약행위이다. 그 결산이 자유의 손익계산서이다.

그러나 자유와 권리를 지키기 위해 포기하고 정부에 위임한 권리가 거꾸로 위임하지 않은 개인의 자유와 권리를 위협할 수 있다. 사람의 면역체계에서도 일어나는 자기공격이다. 자폐적 자기완결 자기조회의 자기공격 위험으로부터 개인의 자유와 권리를 확보하기 위하여 메타가 필요하다. 1인왕국의 사적영역에서 자기독재자가 보유하던 자기입법권, 자기집행권, 자기심사권의 삼권을 헌법에 위임할 때 자기입법권의 수탁자인 입법부의 입법권에 유의할 사항이다. 홉스(Hobbes 1651)가 금지입법의 정의를 분명하게 밝혔다.

> 자연법은 개인의 생명을 파괴하거나 생명을 유지하는 수단을 빼앗거나 그 수단을 없애는 것을 금지하는 이성에 바탕을 둔 일반규칙이다.[66]

금지입법의 사상적 기원은 복음서의 황금률 "남에게 대접을 받고자 하는 대로 너희도 남을 대접하라"의 의무입법이다. 이 황금률의 법제화 "남이 너에게 하지 않는 대로 너희도 남에게 하지 마라."가 금지입법이다. 홉스는 중세의 관습과 로마 계약법과 구약의 계약의 영향을 받았다.[67] 특히 십계명의 의무계명과 금지계명의 계승이다. 홉스의 금지계명을 이은 이가 칸트이다. 칸트는 이성이 알 수 있는 것과 알 수 없는 한계를 분명하게 구분하였다. 그의 『순수이성 비판 1781』의 비판은 조사 또는 검토를 의미한다. 곧 순수이성의 한계를 탐구한 것이다.

2. 자유의 중첩형식인 〈정형식 1〉에서 법의 조건이 유도될 수 있다. (1) 법은 만인에게 평등해야 한다. (2) 법은 확실하고 알려져야 한다. (3) 법은 되도록 변함이 없어야 한다. (4) 법은 법 밖에서 관망하여야 한다.[68] (1)-(3)이 기본형식의 자유, (4)가 추가형식의 자유를 위한 것이다. 특히 법 밖의 관망이 외부메타, 곧 외부효과이며 그 관점이

법형이상학이다. III권이 헌법형이상학 하에서 헌법의 비결정성과 결정성을 탐구한다.

3. 헌법은 입법부에게 입법권을 독점적으로 부여한다. 그 가운데에는 행정부와 사법부에 관한 입법권도 포함한다. [입법부는 행정부의 입법자]와 [입법부는 사법부의 입법자]이다. 그러나 입법부는 자신에 대한 입법권도 부여받는다. [입법부는 입법부의 입법자]이다. 이것은 자폐적 자기완결 자기조회 형식으로 〈보조정리 1〉에 [입법부 = 입법부 입법자 + 입법부 입법자 아님]이 된다. 그리고 〈보조정리 2〉에 의해 구분이 비결정이다. 입법부는 절차만으로 아무 법이나 만들 수 있다는 뜻이다. 〈정의 5〉에서 입법부의 입법권은 입법가능입법과 입법불가능입법의 중첩형식으로 나뉘면서 입법부가 스스로 자신의 입법권을 금지입법으로 제약해야 하는 근거가 〈보조정리 1〉이다.

정의 11: 입법부입법 H = 입법가능 안 입법 C + 입법가능 밖 입법 F

[입법부는 입법부의 입법자]의 A = A(S)는 국민 X의 위임 S에 의해 A = X(S)와 X = A(S)로 자기분할 할 수 있다. 후자는 A = X(-S)이다. 합성하면 A = X(S) + X(-S)의 중첩형식이다. 풀어쓰면 입법부 A는 국민 X의 위임받은 입법자 S이며 동시에 국민에게 위임받지 않은 입법자 -S이다. 위임하지 않는 나머지를 존중한다는 의미이다. 위임하지 않은 사항은 입법금지 영역인데 그 영역의 구분 원리가 제시되어야 한다. 여기서 위임의 두 가지 원칙이 제시된다.

원칙 1: 개인의 자유와 권리 확보에 헌법에 위임한 자유 및 권리와 위임하지 않은 자유 및 권리의 구분의 계약이 필요하다.

최초 사회계약에 참여하지 못한 후손은 선조의 모든 유업을 상속하면서 헌법도 상속하게 된다. 그 요구가 헌법에 대한 선서이다. 마치 여호와를 믿는 유태인은 조상이 여호와와 맺었다고 믿는 계약을 지금도 지키고 있는 이치이다. 기독교인들 역시 구약과 신약을 대를 이어가며 믿는 이치이다. 십계명만 보아도 두 개의 의무계명과 여덟 개의 금지계명으로 구성되어 있다.

〈원칙 1〉에 의해 입법은 의무입법과 금지입법으로 구분된다. 〈정의 5〉와 비교하면 입법가능입법이 의무입법이고, 입법불가능입법이 금지입법이다.

정의 12: 입법부입법 H = 의무입법 C + 금지입법 F

"법이 이상과 실제"로 구성된다.[69] 의무입법은 입법부가 국민으로부터 위임받았기 때문에 반드시 수행해야 할 의무입법이고 금지입법은 위임받지 않았기에 침범해서는 안 되는 입법이다. 금지입법은 "개인의 생명을 파괴하거나 생명을 유지하는 수단을 빼앗거나 그 수단을 없애는 것"[70] 곧 생명, 자유, 재산 그리고 이 가운데 자유는 신앙의 자유, 사상의 자유, 양심의 자유 등에 관해서 입법부는 어떠한 입법도 할 수 없는 입법이다. "[집행부가] 입법부와 결탁하면 백성의 생명, 자유, 재산이 법의 어떠한 기본 원칙이 아니라 판사 자신의 임의적 의견에 놓이게 된다."[71] 기본원칙 가운데 하나가 금지입법이다. III권(헌법의 원리)이 상술한다.

원칙 2: 개인의 자유 및 권리의 확보에 헌법에 위임한 권력구조 선택에 대한 자유의 계약이 필요하다.

III권(헌법의 원리)이 후술하는 대로 〈원칙 2〉가 민주헌법의 권력구조 내용이고, 〈원칙 1〉과 〈원칙 2〉의 종합이 자유헌법 권력구조의 내용이 된다. 민주헌법과 자유헌법의 차이는 III권이 상술한다.

4. 두 원칙 모두 헌법이 만능이 아니라는 명제에 근거한다. 지금까지 보았듯이 자유의 법칙은 사회적 가치와 덕목이 모두 증명할 수 없는 부분과 증명할 수 있는 부분으로 구성되어 있다는 것이었다. 헌법도 법칙인 이상 자유의 법칙이 그의 모범이다. 이것을 헌법의 측면에서 보았을 때 개인이 헌법에 위임하지 않은 자유 및 권리를 헌법에 위임한 자유 및 권리와 분명하게 분리하는 사회계약이다.

5. 앞서 〈자유의 제3법칙〉에서 제시된 헌법을 다시 보면 [헌법 = 고정가능부분 + 변동가능부분]의 중첩형식이다. 여기서 문제되는 것은 〈보조정리 2〉에 의하면 중첩형식 구분의 비결정이다. 헌법의 고정가능성과 변동가능성은 무슨 원리로 구분되는가? 고정가능성은 무엇이며 변동가능성은 무엇인가? 고정가능부분의 대표적 예가 건국 이래 수정하지 않고 있는 미국연방헌법의 본문과 권리장전이고, 변동가능

부분은 미국연방헌법의 부록인 수정헌법이다. 권리장전은 금지입법이며 수정헌법 제1조이다. 곧 [헌법 = 본문의 기본형식 + 권리장전의 금지입법 + 수정헌법의 가변형식]이다.

최초의 금지계명은 아담에게 준 "선악을 알게 하는 나무의 열매는 먹지 말라."이다. 하나님이 아담을 찾으셨다. "네가 어디에 있느냐? 이르되 내가 동산에서 하나님의 소리를 듣고 내가 벗었으므로 두려워하여 숨었나이다." 하나님도 아담의 원죄를 추궁하시려면 숨어있는 아담을 찾아야만 하였다. 마침내 하나님 앞에 선 아담에게 변호사도 허락하지 않았고 권리장전의 보호도 없었다. 금지계명을 어긴 대가는 자원의 희소성과 시간의 불확실성이다.

헌법을 확률함수에 비유하면 [헌법함수 = 상수항 + 설명항 + 오차항]이다. 함수의 결정은 오차항에 달렸다. 마찬가지로 헌법함수의 결정도 이미 결정된 상수항의 금지입법뿐만이 아니라 설명항의 기본형식에 추가하여 결정되지 않은 오차항의 가변형식에도 좌우된다. 헌법은 확률함수이다.

다시 말하면 헌법이 할 수 있는 can-do 권한과 할 수 없는 cannot-do 권한의 분리이다. 개인의 자유와 권리에 대한 헌법의 범위와 한계에 관한 문제이다. 헌법에 위임하는 자유와 권리의 구조에 대한 선택의 자유도 계약에 포함되어야 한다. 이 두 원칙은 임의의 원칙이 아니다. 지금까지 보았듯이 메타가 없는 헌법은 비결정이었지만 두 원칙은 헌법과 법 결정의 필요조건이다.

6. 〈원칙 1〉부터 생각해 본다. 두 가지 공리 그리고 여기서 파생된

아홉 개의 보조정리 및 일곱 가지 공준에 의존하여 지금까지 본대로 참이지만 증명불가능의 무형의 무제약 무한대 천부자유는 자신을 지키기 위하여 헌법에 제약받는 법부자유로 탈바꿈한다. 〈표 1-8〉에서 대각선의 중심의 왼쪽은 자기조회 A = A(S)의 1회 자기증식 한 A = A(S)(S)을 헌법에 의해 둘로 자기분할 함으로 가능하다. 분할된 A = C(S)와 C = A(S)를 다시 통합하면 C = C(S)(S)이다. A = A(S)(S)의 오른쪽은 사적영역의 천부자유에 의해 자기분할 된 A = F(S)와 F = A(S)를 통합한 F = F(S)(S)이다. 완전대칭 분할로 비결정이다.

A = A(S)는 자기증식의 곱셈법칙과 자기분할의 나눗셈법칙으로 아직 분할되지 않은 백색광선에 비유할 수 있다. 백색광선의 자유가 만드는 1인공화국의 자유의 스펙트럼이 〈표 1-8〉이다. 이것이 자유의 제1법칙, 제2법칙, 제3법칙의 자기증식, 자기분할, 자기합성으로 분광하는 스펙트럼에 비유된다.

〈표 1-8〉 자유의 스펙트럼

	C(헌법)	A(자유인)	F(자유)
C(헌법)	C = C(S)(S)	C = A(S)	C = F(S)
A(자유인)	A = C(S)	A = A(S)(S)	A = F(S)
F(자유)	F = C(S)	F = A(S)	F = F(S)(S)

헌법에 국민이 위임하는 자유 및 권리의 범위는 제한적이다. 무제약 무한대 천부자유의 일부가 헌법에 의해 제약되어 법부자유가 된다. 그 세부방식이 자유, 권리, 집행, 정의 네 가지였다. 문제는 헌법의 선

택과 결정에 따라 자유의 약도가 달라지는데 여기서 중요한 것은 헌법에 위임하지 않는 무제약 무한대 사적자유 F의 존재이다. 계약에 의해 자유인이 자신의 자유 및 권리를 정부에 위탁한 형식이 헌법이므로 위탁하지 않은 자유는 헌법 밖에서 헌법과 대칭관계를 형성한다. 다시 말하면 개인 A를 중심으로 왼쪽에는 헌법에 위임한 법부자유, 오른쪽에는 헌법에 위임하지 않은 천부자유가 대립한다. 대각선을 중심으로 좌우가 완전대칭은 비결정이다. 이 자유의 스펙트럼이 완전대칭구조가 아니 되려면 어떠한 설계가 필요한가?

7. 헌법설계의 선택이 중요한 것은 사적자유의 정의 때문이다. 자유의 행에서 헌법은 천부자유에 복종하지만 C = F(S), 열에서는 지위가 바뀌어 천부자유가 헌법에 복종한다. F = C(S). 이것은 사적영역에 대한 금지입법 원칙에 어긋난다. 대각선이 자기조회이고 좌우가 완전역지사지의 완전대칭구도이므로 자유가 억압받는 형국이 되기 때문이다. 〈표 1-8〉의 설계는 미완성이므로 선택될 수 없다. 이런 점에서 금지입법이 실현되려면 비대칭구도의 중요성이 대두된다.

자유의 스펙트럼

1. 〈원칙 2〉는 권력구조 선택의 자유를 요구하는 개인이 스스로 그 청사진을 준비하여야 한다는 것이다. 아무도 대신할 수 없는 생명, 자유, 소유의 확보의 약속이 계약의 조건인데 이것이 모두 두 가지

공리에서 유도된 것인 만큼 지금까지 모든 논의는 이 두 가지 공리에서 연역한 것이다. 백색광선은 프리즘을 통과하여 분광하면 스펙트럼이 된다. 개인의 자유와 권리도 외부메타라는 프리즘을 통과하여 분열하면 자유의 스펙트럼을 형성한다. 그것이 권력구조 선택의 자유이다.

2. 지금까지 자유에서 시작하여 권리, 정의, 행복, 평화까지 이르는 진화는 자유의 법칙에서 파생되었다. 공통의 특징은 증명할 수 있는 부분과 증명할 수 없는 부분의 중첩형식이라는 점이다. 전자는 가능이고 후자는 불가능이며, 전자는 결정적이고 후자는 비결정이다. 전자는 유한이고 후자는 무한이며, 전자는 기본이고 후자는 가변하다. 아래는 그 요약이다.

	자유		권리		정의		행복
가변:	사적자유	→	사적권리 →		윤리/관습	→	정신적 행복
기본:	법부자유	→	법부권리 →		법부정의	→	세속적 행복

3. 〈표 1-9〉는 〈표 1-8〉의 1인왕국의 통합형 C를 자기입법 L, 자기집행 E, 자기심사 J로 세분한 것이다. 표의 모든 항은 A = A(S)(S)를 두 방향에서 자기증식과 자기분할로 생성된 것이다. 대각선에서 자유인 A = A(S)(S)를 중심으로 오른쪽은 자유인 A → 자유 F이고, 왼쪽은 자유인 A → 권리(입법 L) → 행사(집행 E) → 정의(심사 J)의 전개순서이며 대각선 좌우는 자기분할이다. 자유 F는 사적영역에 남은 사적자

유이고, 법부자유는 이미 C = (L, E, J)의 통합형이고 1인왕국의 개인 A도 S = L = E = J의 통합형이다.

4. 〈공리 2〉의 A = A(S)가 A = A(S)(S)로 증식되면 A = F(S)와 F = A(S)의 분할이 일어난다. 이 분할의 프리즘이 F이다. 이 분할은 다시 F = F(S)로 재합성되어 〈공리 2〉로 돌아가면 세 개의 공리 사이에서 동일한 과정이 반복을 일으켜 R = R(S)와 E = E(S)와 J = J(S)를 생성한다. 이 과정에서 개인이 헌법에 위임하지 않고 남긴 사적자유 F는 헌법 밖의 개인의 사적영역에 머물고(원칙 1), 헌법에 위임한 권리 R은 국가의 입법설계의 기초가 되며, 권리행사 E는 국가의 집행설계의 기초가 되고, 정의 J는 국가의 사법설계의 기초가 된다.(원칙 2) 종합하면 나의 복종자가 되는 나 A = A(S)는 무한대 무제약자의 천부자유 F = F(S) 하에서 나는 나의 입법자 R = R(S)이고, 나는 나의 집행자 E = E(S)이고, 나는 나의 심사자 J = J(S)이다. 이것이 제2장 서두에 "자신의 사적영역에서 자유롭고 이성적인 개인은 스스로 규칙을 만들고 스스로 집행하고 스스로 심사한다. 나는 나의 입법자이고, 나의 집행자이고, 나의 심사자이다."의 내용이다. 삼권분립의 원천은 이미 1인왕국의 자유로운 개인 이성 속에 잠재되어 있다. 프리즘으로 분광되기 전의 백색광선이다.

5. 입법의 법칙(제1법칙-제6법칙)에서 K, R, J는 비결정이었다. 〈표 1-9〉의 대각선이 그 이유를 제공한다. 대각선은 자폐적 자기완결 자기조회이므로 결정되지 않는다. 대각선의 오른쪽은 자유와 권리의

〈표 1-9〉 1인왕국 자유의 스펙트럼

	R(권리) 자기입법	E(행사) 자기집행	J(정의) 자기사법	A(자유인)	F(자유)
R(권리)자기입법	R = R(S)	R = E(S)	R = J(S)	R = A(S)	R = F(S)
E(행사)자기집행	E = R(S)	E = E(S)	E = J(S)	E = A(S)	E = F(S)
J(심사)자기사법	J = R(S)	J = E(S)	J = J(S)	J = A(S)	J = F(S)
A(자유인)	A = R(S)	A = E(S)	A = J(S)	A = A(S)	A = F(S)
F(자유)	F = R(S)	F = E(S)	F = J(S)	F = A(S)	F = F(S)

수평견제이고, 대각선의 왼쪽은 자유와 권리의 수직견제이다. 〈표 1-9〉의 대각선의 오른쪽에서 자유 F의 행은 R, E, J이 자유에 복종하는 모습이다. 그러나 대각선의 왼쪽에서 자유 F의 열은 자유가 R, E, J의 복종하는 모습이다. 무제약 무한대 사적자유에 모순된다. 〈표 1-9〉의 대각선을 만드는 그 좌우의 합성이 대등한 역지사지의 완전대칭이기 때문이다.

6. 〈표 1-9〉의 비결정은 받아 드릴 수 없지만 개인 차원에서는 분광되지 않은 1인왕국의 일체형 스펙트럼으로 개인이 정치사회에 위임하는 권력의 구조를 선택하는 청사진의 하나이다. 개인의 의사집계가 사회의 의사가 된다면 이 내부 청사진이 뒤에서 사회의 권력구조의 지도를 작성하는데 참고가 된다.

보조정리 12: 자유의 스펙트럼이 자유인이 정치사회에 참여하며 선택하는 정치사회 권력구조의 청사진이다.

〈표 1-9〉는 자유가 자기증식과 자기분할을 하지 않는 1인왕국의 사적영역의 잠재적 모습이다. 다시 말하면 마찰과 비용이 없는 완전대칭의 사적영역이다. 완전대칭을 비대칭으로 전환하는 요인을 찾아내야 한다. 그러나 이것이 장차 공적영역의 자기증식과 자기분할에 비용을 발생시킨다. 그것이 정보비용의 비대칭이다. II권(민주의 원리)가 분석한다. 이러한 분석은 법의 공급측면에서 고찰하는 것이다. 법의 수요측면에서 고찰이 추가되어야 관련논의가 완성된다. III권(헌법의 원리)에서 분석한다.

제 5 장

자유의 형식

중첩형식

1. 자유의 형식은 중첩형식이다. 〈자유의 공리〉와 〈개인의 공리〉는 야누스 공리이다. 두 공리를 합친 〈자유로운 개인의 공리〉 역시 야누스 공리이다. 그 스스로 자기증식, 자기분할, 자기합성을 이용하여 곱셈법칙, 나눗셈법칙, 덧셈법칙의 중첩형식임이 드러났다. 그것은 무한대 세계의 것으로 천부자유와 천부권리와 천부정의이다. 자유로운 개인의 공리는 세 가지 형태로 진화한다. 첫째, 개인으로서 자유, 둘째, 국민으로서 평등, 셋째, 입법자로서 자율성. 이들 사이의 관계에서 다음이 또 하나의 중첩형식이 성립한다.

자유 = 평등성 + 자율성

이것이 〈자유로운 개인의 공리〉가 된다. 지금까지 추론한 모든 〈정의 1-10〉이 이 자유로운 개인의 공리 하나로 요약된다.

2. 무한대 자폐적 자기완결 자기조회 세계(공준 1-공준 4)는 증명가능의 경험의 세계가 아닌 생명의 세계(공준 5)와 소유의 세계(공준 6)이며, 양도불가하다(공준 7). 그럼에도 추적이 가능했던 것은 자유의 형식이 자기조회의 원초적이고, 원초적인 것은 참이며, 자기조회의 이중성이라는 메타의 규칙 때문이다. 이것이 자유의 원리이다.

3. 〈공리 2〉의 나는 스스로 안과 밖 양면으로 분리되어 [나는 나의 복종자 = 나는 증명가능 안 나의 복종자 + 나는 증명가능 밖 나의 복종자]가 된다.(정의 2와 보조정리 1). 이 가운데 증명가능 밖의 천부자유의 일부를 자유는 스스로 자신을 지키는 면역체계의 천부권리를 만드는데 천부권리 자신도 스스로를 방어하기 위하여 그 일부를 헌법 안에 권리교환의 자유로 내생화시켜 증명가능의 법부권리로 형식화한다.(보조정리 7). 이 과정에서 개인은 일부 천부권리를 포기하고 소유권을 확보한다. 권리는 방어에서 행사로 진화하여 정의를 불러오고(보조정리 8), 비인격 시장기구의 신뢰 안에 재화교환의 자유로 내생화시켜 증명가능의 경제적자유로 형식화하고(보조정리 11), 권리가 자유를 자기공격 하는 것을 방지하기 위해 권력의 분산을 설계한다.(보조정리 12). 천부자유의 일부를 비인격 시장기구의 헌법 안에 자유교환의 자유로 내생화시켜 증명가능의 법부자유로 기본형식이 된다. 나머지는 개인에 따라 차이가 생기는 가변형식이다.

4. 이 모든 것은 공적영역 안의 자유와 공적영역 밖 사적영역의 자유를 가르는 헌법의 결정에 달려있다. 아홉 가지 보조정리로 자유와

권리에 대한 사회계약의 손익계산서를 만들면 천부자유와 천부권리의 일부를 포기하고 법부자유와 법부권리의 소유권을 확보한다.

> 인간이 사회계약에 의해 상실하는 것은 그 생래의 자유, 그리고 그의 마음을 끌고 손에 넣을 수 있는 모든 것에 대한 무제한의 권리인 것이다. 이에 대해서 인간이 획득하는 것은 사회적 자유와 그것이 점유하고 있는 일체의 소유권이다.[72]

이러한 사회계약의 안과 밖 또는 공과 사의 득실이 명확하지 않으면, 곧 생명, 자유, 소유의 확보가 헌법의 목적으로 확립되지 않으면 아무도 사회계약을 하지 않을 것이다.(원칙 1과 원칙 2). 로크는 이 계약을 깨는 정부를 전복할 자유와 권리가 있다고 주장하였다. 국민저항권이야말로 사회계약을 계약답게 만드는 마무리 조항이다.

5. 앞서 역지사지는 나는 너의 주인이고 너는 나의 주인이었다. 모두에게 종이 되며 모두에게 주인이 된다는 기독교교리에 비유할 수 있다. 이 모순이 가능한 것은 외부체계의 메타인 예수의 가르침 속의 자유가 있기 때문이다.[73]

그러나 세속에서 그 자유는 메타의 관점에서 헌법에 의존한다. 개인의 자유와 권리의 결정에 메타는 밖에서 주어지는 공리였다. 곧 헌법 밖의 자유인 천부의 자유와 헌법 안의 자유인 법부자유는 헌법이 주어져야 결정된다.

명제 4: 자유의 영역결정은 헌법에 의존한다.

〈명제 4〉는 비결정 헌법의 결정성을 묻고 있는데 개인들의 의사가 대표된 헌법이 논리의 무한회전에 빠질 수 있기 때문이다. 개인의사들의 대표는 가능한가? II권이 토의한다.

3대 기본질문

1. 자유의 이분법 속에서 〈명제 4〉의 미완성 원인은 증명불가능자유에 있다. 곧 H = C + F에서 두 개의 미지수 C와 F의 구분이 결정되지 않는다. [자유〉입법가능자유]의 자유를 완성하기 위해서는 증명가능자유 밖을 메타로 사용해야한다는 암시이다. 마치 경험세계의 결정을 위하여 인식불가능 초월세계의 인식이 필요하듯이 논리체제 안의 증명가능에 대한 인식은 논리체제 밖에 대한 인식이 필요하다. 이것이 〈정의 5〉의 [자유 = 입법가능 안 자유 + 입법 밖 자유]이다. 자유의 안과 밖이 곧 공과 사이고 [자유 = 입법가능자유 + 입법불가능자유]에서 [자유 = 공적 자유 + 사적 자유]로 변수변환이 일어난다.

2. 보편입법 밖 자연 상태 사적자유의 나 F는 이웃과 함께 스스로 보편입법체계를 세워 그 안에서 법부자유의 시민 C가 된다. 자폐적 자기완결 자기조회 자기 순환 비결정구조에서 벗어나 결정구조로 전환한다. 그 구문 구조는 〈그림 1-8〉과 같다.

왼쪽은 〈공리 2〉에서 1인왕국의 [나-자기입법-나]이다. 가운데는 보편입법체계의 [나-보편입법-시민]이다. 후자에서 나는 보편입법 밖 사적영역의 존재이고 이 존재가 보편입법 안에서 시민이 된다. 오른쪽은 1인왕국이 확대된 국가에서 [국민-헌법-국민]이다.

나	[보편입법 밖 사적자유]나	국민
자기입법	[보편입법]법체계	헌법
나	[보편입법 안 법부자유]시민	국민

〈그림 1-8〉 보편입법의 결정구조

보편입법체제의 밖의 자유가 안의 자유의 메타가 된다. 비유할 수 있다. 미시적으로 1인왕국의 나는 나의 자기입법으로 자기집행과 자기심사를 실행한다. 이것이 내가 만든 자기입법 안의 나이다. 그러나 나의 자기입법은 거시적으로 자기입법 밖의 보편입법의 보호가 있어야 가능하다. 이것을 거시적으로 확대하면 보편입법 안의 국민은 보편입법 밖의 천부입법 곧 사적자유와 권리 속에 있어야 한다.

3. 이상의 결과를 더욱 변수변환한 것이 〈정의 12〉이다. 개인은 보편입법 안 의무입법의 존재이며 동시에 보편입법 밖 금지입법의 존재이다. 금지입법이 보편입법의 메타가 될 수 있다. 이것이 보편입법이 결정되는 방식이며 개인 자유를 확보하는 방법이다. 남은 문제는 의무입법과 금지입법을 가르는 원리이다.

4. 지금까지 논의를 세 가지 기본질문으로 요약할 수 있다. 자유의 법칙에서 자유를 안과 밖 = 공과 사의 법부자유와 사적자유로 구분하는 것이 이성입법의 능력이고 그 능력이 개인입법을 거쳐 보편입법으로 진화하였다. 여기서 보편입법이 헌법이라면 이 책이 탐구하는 자유와 헌법의 원리에 관한 세 가지 기본질문이 제기된다.

기본질문 1: 보편입법의 결정성은 존재하는가?
기본질문 2: 보편입법의 중첩형식 구조의 일관성은 유지되는가?
기본질문 3: 보편입법의 불완전성은 제어될 수 있는가?

〈기본질문 1〉은 헌법 존재의 결정성에 관한 질문이고 〈기본질문 2〉는 헌법의 중첩형식일체형의 일관성에 관한 질문이다. 〈기본질문 3〉은 헌법의 불완전성에 관한 질문이다. 일관성과 완전성은 동시에 보장되지 않는다. 대신 질문은 결정성과 일관성의 보편입법은 어떤 원리로 제정되며 그것은 무슨 논리로 헌법의 불완전성을 제어 또는 통제하는가? II권이 〈기본질문 1〉에 답하고 III권이 〈기본질문 2〉와 〈기본질문 3〉에 답한다.

어원

1. 자유의 중첩형식에서 천부자유와 법부자유의 차이가 앞서 자유의 법칙에서 이미 유도되었다. 안과 밖의 두 가지 자유는 자유의 형식

이 자기조회라는 데에서 유도되었다. 무모순 자폐적 자기완결 자기조회는 시초 존재의 형식이고 따라서 증식과 분할의 단성생식으로 안과 밖 두 가지 자유가 생산된다.

2. 어원에서도 안과 밖의 두 가지 형식의 자유가 발견된다.[74] 알프스 산맥을 중심으로 독일과 같은 북유럽 국가에는 liberty에 해당하는 단어가 없고 지중해 연안 프랑스와 스페인 같은 남유럽 국가에는 freedom에 해당하는 말이 없다. 칸트는 freedom을 Freiheit zu로 표현하고 독일어에 없는 liberty를 Freiheit von로 표현하였다. 이것을 벌린(Berlin 1969)이 적극적 자유positive liberty와 소극적 자유negative liberty로 구분하였다.[75] 벌린의 구분은 제2차 대전 후 큰 반향을 불러 일으켰지만 자유를 "self-mastery"인 상태라고 정의한 그의 정의는 이미 보았듯이 "자기가 자신의 주인"의 자기조회 특성과 이로부터 파생되는 본원구조와 쌍대구조를 동시에 인식하는데 실패하여 자유의 법칙을 발견하지 못하였다.[76]

3. 자유에 관한 가장 오래된 단어는 기원전 2,300년경 수메르어 ama-gi 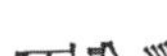 이다. 노예, 부채, 세금, 징벌에서 풀려나 '어머니의 집으로 돌아간다.'는 뜻이다.[77] 이 뜻은 고대 인도어 priya, friya, riya에서도 발견되는데 그 원래의 뜻은 '사랑하는, 다정한'이라는 뜻이다. 영어의 liberty는 라틴어의 libertas에서 유래한다. 그의 형용사 liber는 "제한이 없는, 제약이 없는, 구속에서 풀려난"이라는 뜻이다. 영어의 freedom은 전혀 다른 어원을 갖는다. 이 말은 북부 유럽의 고대 언어

에서 나왔다. 영어 free는 노르웨이어의 fri, 독일어의 frei, 덴마크어의 vrij, 켈트어의 rheidd, 웨일즈어의 riya와 동일한 뿌리를 두고 있는데 영어의 freedom은 친구 friend 또는 박애fraternity와 그 어원이 같고 독일어의 친구 Freund와 자유 Freiheit도 마찬가지이다. 이것은 앞서 자유의 정의 A = A(S)를 둘로 자기분열하면 유도할 수 있다. A = X(S)와 X = A(S)에서 X를 친구라 생각하면 [나는 너의 친구]와 [너는 나의 친구]가 된다. 자유의 정의가 곧 박애이다. 이것이 자유의 특성 가운데 하나인 역지사지이다. 그러므로 어원에서도 발견되는 두 가지 자유에서 자유의 기본식 H = C + F가 성립한다.

4. 여기서 X를 자유인이라 하면 freedom은 자유인과 인적관계를 맺고 함께 어울리는 사람이나 그러한 소속감의 권리 또는 자격을 의미한다. 서로 인정 또는 승인하는 권리이다. 북부유럽에서 자유로운 개인이 가족이나 종족 등 공동체에 올바르고 정당하게 소속belong되는 자유freedom에서 부여되는 배타적인 자격licence이 발전하여 소유권belongings이 되었고 여기에서 권리rights가 생겨났다. 공동체에 소속은 [자유는 자유의 복종자]가 되지 않으면 가능하지 않은데 이것은 A = F(S)와 F = A(S)에서 A로 대입한 결과 F = F(S)이다. 이런 의미에서 권리는 자유의 소산이다.

5. 북부유럽에 있는 권리라는 말이 로마에는 없었는데 로마의 자유liberty는 소속감이 결여되었기 때문이다. 그 자리를 특권 privilegium 이라는 말이 대신하였던 이유가 바로 특권이 인위적 자유였기 때문이

다. 여기서 자유는 노예 소유 자유까지 포함한다. 그러므로 해방된 노예는 비로소 자신의 육체를 포함한 다른 자원을 소유하고 지배할 수 있는 자유 liberty를 가질 자격을 인정받은 것이다. 이러한 자유는 배타적이며 특별한 혜택을 받지 않으면 자원에 대한 다른 사람의 지배에 평등한 권리를 인정하지 않는 것이다. 로마가 제정에 들어서 전제정치로 흐르면서 자유 libertas와 특권 privilegium이 함께 혼재하여 발달하였다는 것은 흥미롭다.

6. freedom과 liberty는 어원이 다를 뿐만 아니라 의미도 다르다. freedom은 연결, 소속에서 얻는 자유를 의미하고 liberty는 분리, 단절된 자유를 의미한다. 남부유럽 로마의 libertas를 갖춘 자유인은 노예와 달리 자치권을 부여받음을 뜻하고, 북부유럽의 Freiheit를 갖춘 자유인은 노예와 달리 자유로운 가족이나 종족과 합침을 의미한다. 모두 노예가 아님을 의미하지만 하나는 주인과 분리단절 separation을 의미하고 다른 하나는 친구와 소속 연결 union을 의미한다.

하무라미 법전에는 freedom와 liberty 등 자유라는 말이 없다. 노예라는 말은 등장하는데 노예의 반대는 주인이다. 고대 로마에서 대부분의 사람들은 태어날 때 자유롭지 못한 노예였다. freedom이란 없었다. 여기서 자유 libertas의 보편적인 상징은 한 손에 vindicta라는 막대기를 들고 다른 손에는 libertatis라는 모자를 해방된 노예에게 씌워주는 자유의 여신이었다. 다시 말하면 liberty는 주인이 노예를 풀어주며 부여하는 인위적 자유였다. 이처럼 남부유럽의 liberty는 사람이 사람에게 부여하는 특권으로써 인위적이며 불평등한 것이었다. 사람들은 권력, 재산, 지위에 따라 다른 자유 liberty가 부여되었다. 어떤 사람은 많은 자유가 어떤 사람은 적은 자유가 주어졌다. 또 어떤 사람은 아예 자유가 없었다.

7. 이러한 자유는 언제 박탈될지 모르는 위험을 내재하고 있다. 사람이 자유를 주면 사람이 빼앗을 수 있기 때문이다. 그러나 북부유럽의 자유 freedom는 천부적인 것이기에 권력, 재산, 지위와 상관없었다. 여기서 자유롭게 태어난 사람들에게 권리를 뜻하는 영어의 rights와 독일어의 rechte가 주어졌다. 이 말은 형용사로는 바른, 옳은, 곧은 것을 뜻한다. 명사가 되면 의무로서 요구할 수 있는 자격을, 또는 그 자체로서 자격을 권리를 의미한다. 박탈될 두려움도 없다. 자연권이기 때문이다.

노예제도에 바탕을 둔 로마가 무력으로 강성해지면서 북부유럽의 천부자유freedom은 도서지역으로 쫓겼다. 노르웨이인들은 아이슬란드와 스코틀랜드로 피난하면서 자신들이 이해한 freedom을 가져갔는데 그것은 권리와 의무의 복합체였다. 그들에게 freedom은 법의 지배였고 지도자를 선출할 수 있는 정치적 권리를 의미했으며 Thing이라고 부르는 의회가 판단하는 권리를 의미하였다. Thing은 자유 아이슬란드의 회의기구였다. 고대 스코틀랜드에서는 Wappanschawing이라고 불렀다. 스코틀랜드의 freedom이 미국 독립에 영향을 주었다.

8. 이렇게 볼 때 liberty 대 freedom는 로마 대 스코틀랜드에서 왕정 대 대의정치를 상징하게 되었다. 칸트 영구평화 의무조항 1조에서

공화정을 주장하는 이유도 그것이 천부의 자유 freedom을 보장하기 때문이다. 왕권신수설 국가에게 천부인권설은 없애 버려야 할 위험한 사상이었다. 천부인권설을 따라 의회를 통해서 자치를 하는 북부유럽의 자유 freedom은 로마시대부터 제왕들의 위협이 되어 중세에서 근세에 이르기까지 군주가 말살시켜야 할 대상이 되었다. 북부유럽의 자유 freedom은 로마의 칼에 쫓기고 쫓겨 북부유럽의 오지나 도서국가에서 겨우 명맥을 유지하며 전해졌다. 그러나 1797년 노르웨이 의회 Latings, 아이슬란드 의회 Alting, 1816년 패로 제도Faeroe의 의회 Logting이 사라졌다. 이제 스코틀랜드 의회 Wappanschawing만이 남아 천부의 자유 freedom의 마지막 보루가 되었다. freedom의 역사는 약소국 자유의 역사이다.

9. 이렇게 명맥만 유지한 채 사라질 뻔 했던 자유freedom이 기독교 세계에 들어서면서 광범위하게 퍼지는 계기를 갖게 되었다. 예수가 "진리가 너희를 자유롭게 하리라"라고 말했을 때 그 자유는 freedom이었다.(요8:32) 예수가 유대인들에게 "내 말에 거하면 자유를 얻으리라 하니 그들이 대답하되 우리가 아브라함의 자손이라. 남의 종이 된 적이 없거늘 어찌하여 우리가 자유롭게 되리라 하느냐." 그러나 예수의 말은 하나님에게 짓는 죄sin의 종이 되지 말라는 의미였다. 이에 대해 유대인들은 사람에게 짓는 죄crime의 종이 되지 말라고 생각한 것이다. 죄sin는 참이지만 증명불가능하고 죄crime는 참이지만 증명가능하다.

예수의 가르침에 의하면 하나님에게 죄sin를 지었을 때 죄의 종이 되어 잃어버리는 자유가 천부의 자유freedom이고 사람에게 죄를 지을 때 빼앗기는 자유가 법이 부여하는 liberty 곧 법부의 자유이다. 천부자유freedom는 킹 제임스 성경이 그렇게 번역하기까지 고초를 겪었다. 영국교회는 로마교회에서 떨어져 나갔지만 여전히 로마의 liberty 전통이 강했다. 스코틀랜드 장로교는 독일 종교개혁의 영향으로 freedom이 강했다.

10. 영국이 세계의 중심이 되면서 freedom과 liberty는 함께 사용되며 퍼져 나갔다. 영국인들이 유일한 기회를 갖게 되었다. 그들에게 처음으로 liberty와 freedom 가운데 선택할 수 있는 기회가 주어진 것이다. 말을 바꾸면 영국인들이 자유의 법칙 H = C + F을 최초로 이해하기 시작했다고 볼 수 있다.

셰익스피어는 『줄리어스 시저』에서 "자유, 자유, 자유"라는 표현을 "liberty, freedom, enfranchise"로 사용하였다. 17세기 크롬웰의 쿠데타는 찰스의 liberty와 크롬웰의 freedom 사이의 충돌이었다.

11. 킹 제임스 성서가 출간되자 로크가 최초로 두 가지 자유를 구분하는 정치이론을 제시하였다. 그의 이론은 미국독립선언문에 영향을 주었다. 그의 후속인 미국연방헌법 전문의 자유는 법부자유liberty이고 권리장전의 수정조문 제1조가 말하는 자유는 천부자유freedom이다. 전자의 자유는 영국의 압제에서 벗어나서 국민주권의 시작이라는 자유의 선언이고, 후자의 자유는 영국의 왕권신수설에 대항한 역사를 갖고 있는 천부의 자유이다.

12. liberty와 freedom의 충돌은 한 번 더 일어났는데 그것이 미국의 남북전쟁이다. 일찍이 미국 독립선언서에서 Life, Liberty, and Pursuit of Happiness의 자유는 영국으로부터 분리, 단절, 독립을 의미했다. 남북전쟁이 촉발되기 직전 남부의 정치적 구호는 여전히 liberty and separation이었지만 북부의 구호는 freedom and union이었다. 여기서 분리는 자유의 〈자유의 제3법칙〉에 어긋난다. 남부에서 A = A(S)가 일으킨 A = X(S)와 X = A(S)의 분할이 다시 합성한 X = X(S)이 불가능했던 것은 A와 X의 연결을 부정하기 때문이다. 개인의 내부에 내재한 관망자가 부재한 탓이다.

노예해방은 liberty이고 그들이 자유인으로 사회에 귀속 union하는 것은 freedom이었다. 이것은 프랑스와 좋은 대조를 보인다. 그들의 혁명 구호는 자유, 평등, 박애 liberty, equality, fraternity이었다. 그들은 왕정의 압제에서 벗어나기를 원한다는 의미에서 liberty를 외쳤지만 그들에게는 freedom에 해당하는 말이 없었던 데에도 연유한다. liberty와 fraternity의 합이 freedom이다. 1876년 미국독립 1백주년 기념의 선물로 프랑스가 보낸 것이 자유의 여신상the statue of liberty이다. 프랑스에는 freedom이라는 단어가 없기 때문이다. 이러한 의미에서 프랑스 혁명의 구호는 freedom and equality의 두 마디로 요약될 수 있다. 이것이 〈정의 7〉이다.

남북전쟁에서 북부의 승리로 freedom and union이 개선하였다. 자유 freedom란 천부적으로 양도할 수 없는 권리 right이고 다른 나라와 통상 commerce하며 친구가 되는 우애fraternity이며 국제사회의 일원이 되는 union이다.

북부의 승리로 노예해방이 가져온 것은 흑백 사이의 강제평등이었다. 남부는 연방법의 평등을 받아드렸지만 평등과 분리를 구별하여 흑백분리정책은 20세기 중엽까지 계속하였다. 흑인의 자유는 분리라는 철벽에 완성되지 못했다. 분리마저 철폐된 것은 20세기 후반이다.

13. 동양의 전통사회에는 자유의 개념이 없었다. 서양의 자유를 수입한 첫 동양국가는 일본이고 19세기 초엽이다.[78] 이와 별도로 19세기 후반 중국이 수입하였다.[79] 서양의 자유를 수입한 후에도 동양에서는 두 가지 자유의 차이를 인식하는데 실패하였다. 그럼에도 수많은 시행착오의 번역을 거쳐 정착한 자유의 자自가 '스스로'를 의미한다는 것이 흥미롭다. 하나의 캠페인을 시작하는 첫날이 자自이고 마지막 날이 지至이다. 자초지종의 자초自初는 '스스로 시초'이다. [자유는 자유의 시초]의 자폐적 자기완결 자기조회 구조가 동서양을 막론하고 같다는 사실이 필연적으로 보인다. 〈공리 1〉로 내세울만하다.

14. 그 필연성은 서양에서는 예수가 "진리가 너희를 자유케 하리라"는 말과 "나는 진리요 길이요 생명이다"는 말에서 자유가 곧 길이라는 가르침과 동양에서는 코의 한자 비鼻에 들어있는 자自와 길의 초입을 의미하는 유由에서 찾을 수 있다. 동서양을 막론하고 자유는 스스로의 길이다.

15. 종합하여 풀이하면 길을 나설 때 우리 몸에서 가장 앞장 서는 것이 코(자유)이다. 누구의 지시 없는 스스로 시작이다. 길을 안내하

는 코(자유)의 지시가 법이다. 앞에 놓인 불확실하고 미결정이고 비결정의 무한대 세계를 안내하는 코(자유)가 법이며 자유의 법칙이 곧 입법의 법칙이라는 〈명제 2〉의 은유이다. 코는 호흡이다. 자유의 호흡이다. 자기自己는 스스로의 몸이고 자유自由는 스스로의 길이며 자연自然은 스스로의 그러함이다. 자기와 자연은 뿌리가 같다. 자유는 자연의 동반자이다. 인간의 행위는 자연이나 또는 자유에서 발생하지 않고 자연과 자유에서 동시에 발생한다. [행위 = 자연에서 발생] 또는 [행위 = 자유에서 발생]의 별개가 아니라 [행위 = 자연의 발생 + 자유의 발생]의 중첩형식의 혼합형이다. 이것이 〈정의 1〉이다.

중첩형식의 변신

1. 지금까지 논의는 〈정형식 1〉로 요약된 〈정의 1-12〉의 중첩형식이었다. 그것은 초두에 자유에 대해 물은 두 가지 사항인 시초(뿌리)와 족보(꽃) 가운데 시초에서 유래되었다. 시초를 말했으니 이제 족보를 밝힐 순서이다. 자유의 중첩형식은 다양한 변신을 거쳤다. 아마 [인간본성 = 자연적 본성 + 도덕적 본성]의 인식에서 연유하였다고 여겨진다. 자연적 본성은 경험세계에서 철저하게 자연의 인과법칙을 따르며, 도덕적 본성은 초월세계에서 자신만의 법칙을 따른다. 따라서 인간에 관한 모든 개념은 인과관계의 개념과 스스로 자율의 개념으로 혼합된다.

2. 마침내 모든 개념을 중첩형식으로 표시할 수 있는 순수 이진법

이 불(G. Boole)에 의해 발견되었다. 그는 개념을 기호로 나타내는 방법을 창안 하였다. x가 남자이고 y가 여자라면 x + y는 남자 아니면 여자로 표현하였다. 또는 일체형 인간 = x + y로 표기할 수 있다. 불의 중첩형식은 이진법수학을 낳았고 오늘날 컴퓨터수학의 기초가 되었다.

3. 지금까지 논의의 핵심은 일체형의 중첩형식이다. 특히 참과 참아님, 무모순과 모순의 중첩형식이었다. 모든 진술은 참과 참아님, 무모순과 모순 사이의 긴장관계였다, 이제 무오류와 오류의 기준을 추가할 차례이다. 〈공리 1〉의 [자유는 자유의 시초]는 무오류인가? 헌법의 일관성은 오류성 또는 무오류성과 관계한다. 그 이유는 헌법의 불완전성의 근거의 탐색이다.

4. 앞서 초두에 [자유는 자유의 시초]의 증명불가능은 증명되었다. 그 증명과정에서 [진리 = 증명가능 진리 + 증명불가능 진리]의 중첩형식이 성립하였다. 증명할 수 있는 진리만을 진리라고 믿던 시대에 증명불가능 진리는 이해할 수 없는 대상이었다. 이것을 오류라고 믿는 오해의 근거가 된다.

대표적인 예가 무한대의 법칙을 발견한 칸토어는 수학자들의 박해속에 정신병원에서 죽었다. 특히 크로네커는 "신은 정수를 만들었다. 그 이외의 것은 인간이 만든 것이다."라고 배척하였다. 칸토어는 집합에도 손을 댔다. "집합이라는 것은 우리의 직관이나 사고의 대상이 될 뿐만 아니라 잘 구별할 수 있는 확정된 대상(집합의 원소)을 모아서 하나의 전체로 엮은 것이다." 당시에는 아무도 집합은 모순의 공장이 될 줄 몰랐다.

5. 자기 자신을 갖지 않는 집합을 정상집합이라 부르면 다음의 모순의 정리가 동시에 성립한다. 정리 1. 모든 정상집합의 집합은 정상집합이다. 정리 2. 모든 정상집합의 집합은 정상집합이 아니다.

각각은 러셀의 모순이지만 두 가지 정리를 합치면 [정상집합 = 정상집합의 집합 + 정상집합의 집합 아님]의 중첩형식이다. 예를 들면 "공법은 [공법이 아닌] 외부 법들의 총체이다."라는 칸트의 말을 빌리면[80] 헌법은 헌법이 아닌 모든 법들의 집합으로 볼 수 있다. 집합 S는 집합 S가 아닌 원소들의 집합이므로 헌법은 집합 밖의 존재이다. 그러나 집합 S의 원소가 아니므로 집합 S의 정의에 의해서 이 집합 속에 포함되어야 한다. [헌법 = 집합 S의 원소 + 집합 S의 원소 아님]의 중첩형식이다.

6. 증명불가능 진리를 오류로 생각하던 시대에 "인간이 전적으로 틀리게 판단하고 있다고 가정해 보자. 그렇다면 오성은 자신의 법칙에서 완전히 벗어나 있는 것이다."[81] 모든 진술이 오류라고 하면 [모든 진술은 오류]라는 진술은 무오류가 되어야 한다. 그런데 이미 [모든 진술은 오류]라고 전제하였으므로 서로 모순이 되지 않으려면 다음의 중첩형식이 되어야 한다. 진술 = 오류 + 무오류. 모든 진술은 완전 오류도 완전 무오류도 아닌 일체형으로 비결정이다. 반대로 모든 진술이 무오류라고 하자. 그렇다면 [[모든 진술은 무오류]는 무오류]이다. 이 문장을 Q라 표기하면 새로운 진술 Q' = [Q는 무오류] 역시 무오류이므

로 [Q'는 무오류 = Q는 무오류는 무오류 = 모든 진술은 무오류는 무오류는 무오류]이다. 무한대 무오류가 되어 비결정이 된다.

"오류가 있게 되는 모든 경우에는 무언가 특별하고 기이한 것이 일어나고 있는 것이다. 우리가 오성이 자신의 법칙에서 (전적으로) 벗어나 있다고 가정한다면 우리의 모든 인식도 불확실한 것이 될 것이다."[82] 이 문장에서 [특별하고 기이한 것 = 숨은 변수]이고 [법칙에서 벗어난 오성 = 벗어나지 않은 오성 + 벗어난 오성] = [불확실한 인식]의 중첩형식이다. 법칙에서 벗어난 오성을 오류라고 보면 역시 [인식 = 오류 + 무오류]로 불확실하다.

7. "어떤 자연 작용도 스스로 제 자신의 법칙을 위반하는 일은 없다. 따라서 (다른 원인의 영향을 받음이 없이) 오성 그 자체로 그리고 감성 그 자체로 오류에 빠지는 일은 없을 것이다."[83] 여기서 '다른 원인'이 인과법칙에 지배되는 숨은 변수이다. 그러나 "오성이 개념들을 규칙이 없이 결합시키기 때문에 우리가 틀린 것이 아니다." 그 숨은 변수가 개입한다면 그에 의해 오류에 빠지는 오성은 [진술 = 오류 + 무오류]의 중첩형식이 된다는 뜻이다. 역으로 말하면 인과법칙을 따르는 어려 다른 원인으로 오류에 빠진 오성을 교정하기 위해서 인과법칙에서 벗어난 최후의 숨은 변수 곧 숨은 손이 필요하다.

예를 들어 1 + 1 = 2라는 진술에는 오류가 없다. 따라서 [1 + 1 = 2는 무오류는 무오류는…]이었다. 그러나 빛에 관해서 오류가 발견되었다. 운동하는 모든 물체에서 빛의 속도를 측정하면 그 물체의 속도와 상관없이 빛의 속도는 항상 일정하므로 1 + 1 = 1이다. [피타고라스 정리는 무오류는 무오류는 …]라는 진술도 무오류이다. 다만 평면에서만 옳고 공간에서는 그렇지 않다. [삼각형의 내각의 합이 180도는 무오류는 무오류는 …]도 공간에서는 그렇지 않다. 이 모든 예는 측정의 기준을, 가령 평면을 정해주지 않으면 비결정이다. 측정기준이 숨은 변수이다. 그러나 그 기준이라는 것은 무엇이 결정하는가? 무엇이 되었든 인과법칙과 상관없는 스스로 존재자가 되어야 한다.

7. 진술이 일반적으로 일체형이라는 인식의 역사는 오래 되었다.[84] 그 역사는 [진리 = 증명가능 진리 + 증명불가능 진리]의 단초에 근접하는 역사이다. 아리스토텔레스는 누구나 오류를 일으킬 수 있음을 전제하였다. 『형이상학』에서 "진리에 대한 탐구는 한편으로는 어렵고 다른 한편으로는 쉽다."라고 기록했을 때 증명불가능진리를 이유로 생각했을지 모른다. "[그래서] 이것은 그 누구도 진리에 적절하게 이를 수 없다는 그리고 그 누구도 진리를 획득하지 못한다는 것이 아니라, 본질에 관해 무엇인가 말할 수 있다는 것을 그리고 우리 혼자서는 진리에 관해 아무 것도 기여할 수 없거나 다만 적게 기여할 수 있다는 것을, 그러나 만약 모든 견해를 모은다면 주목할 만한 것이 이루어지게 된다는 것을 나타낸다."[85] 증명가능진리와 합쳐지면 진리의 일단을 볼 수 있다는 뜻이다.

그 이유는 진리에는 증명할 수 없는 빈틈이 있는데 여기에 거짓이 틈입할 수 있는 오류가 발생하기 때문이다. 빌라도가 예수에게 진리가 무엇이냐고 물었을 때 예수는 대답하지 않았다. 증명할 수 없는 또는 빌라도가 이해할 수 없는 부분이었기 때문일 것이다. 예수는 진리의 빈틈을 이용한 자들의 거짓말과 거짓증언으로 십자가에서 죽었다. 거짓말이 진리를 죽였다는 것은 역설적으로 거짓이 진리를 증거하고 발견하는 관문이 된다는 뜻은 토마스 아퀴나스에서 찾아볼 수 있다. “틀린 것은 그 어떤 참된 것에 근거하고 있다.” 그는 오류도 무오류와 같은 뿌리임을 인식하였다. 이미 불완전한 진리를 인식하였다고 여겨진다. 이 인식을 총체적 오류 불가능성이라고 칸트가 명명한 18세기에는 많은 철학자들이 비슷한 인식을 공유하였다. 칸트가 그의 저서에 자주 인용한 람베르트Lambert의 글은 문법을 떠올리게 만든다. “참된 것[문법]은 모든 사고하는 존재에 깊이 뿌리박고 있다. …사람들은 참된 것을 함께 섞지 않고서는 틀릴 수 없기 때문에 오류조차 참된 것에게 빚을 지고 있음에 틀림없다.” 따라서 “생각할 수 있는 모든 오류 안에는 진리가 있고 참된 것이 섞여 있지 않은 오류는 없다.”[86] 람베르트의 문장의 주어는 진리가 아니라 오류이다. [진리 = 증명가능진리 + 증명불가능진리]의 쌍대문장 [거짓 = 증명가능거짓 + 증명불가능거짓]에 후자에 진리가 섞여 있을지 모른다. 칸트의 호적수 마이어Meir에 오면 어조가 좀 더 분명해진다. “하나의 인식은 … 참이자 동시에 거짓일 수 있다.”[87]

칸트에 이르러 심층적으로 정밀화 되었다. “총체적 오류란 오류를 저지르는 자 스스로에 의해 도대체 더 이상 오류로서 파악될 수 없는 말하자면 밀폐된 오류라고 말할 수 있다.”[88] 이 문장에서 밀폐라는 단어가 앞의 수식어 스스로와 합쳐져 바로 자폐가 된다. 또한 더 이상이라는 단어는 자기완결을 의미하고 오류를 저지르는 자 스스로는 자기조회이다. 따라서 이 문장을 재정리하면 자폐적 자기완결 자기조회를 저지르는 자의 오류이다.

8. 칸트는 무오류의 중첩형식인 총체적 오류 불가능성을 인식했지만 무모순의 중첩형식은 이해하지 못했다. 후일 발견되었지만 예를 들어 [광자 = 파동 + 입자]와 [시공 = 시간 + 공간]이다. 칸트는 물자체를 인식하는 것은 불가능하고 다만 인식하는 것은 그의 표상뿐이라고 주장하였다. 따라서 하나의 광자가 두 개의 표상을 갖는다는 사실은 그가 살아 있다 하여도 받아드리기 어려웠을 것이다. 광자의 이중성은 물자체이고 무모순이며 무오류이다. 시간과 공간이 분리된 별개의 표상이 아니라 일체형의 시공도 물자체의 무모순이며 무오류이다.

9. 유클리드기하학의 평행선 공준에 대한 의심의 역사는 오래되었다. 칸트가 살아 있을 때 가우스는 이미 유클리드기하학의 평행선 공준을 의심하였다. "평행선의 문제를 가까이 하지 마라. 그것은 밑 없는 수렁이다"라는 아버지의 편지를 받은 바 있던 볼리야이(J. Bolyai)는 칸트가 죽기 1년 전 유클리드기하학의 평행선공준을 사용하지 않고 새로운 기하학의 체계를 세웠다. 수렁은 비결정의 모습이다.

칸트가 의심할 여지가 없는 명백한 진리라 믿었던 유클리드 기하학은 이렇게 칸트 시대부터 이미 무너지기 시작하였다. 볼리야이의 뒤를 이어 가우스의 제자 리만(G. Riemann)이 리만기하학을 완성하였고 로바체프스키(N. Lobachevski)의 기하학도 출현하였다. 비유클리드기하학의 출현은 인간 사고에 일대 변화를 가져온 사건이다.

10. 칸토어는 전체가 부분보다 크지 않을 수 있음을 증명하였다. 집합이론과 무한이론은 이율배반의 세계이다. 칸트 철학의 기본 명제

인 "수학적인 진리는 선험적이다."도 칸토어에 의해 부정되었다. 이것은 괴델(K. Gödel)의 불완전정리로 확인되었다. 수학이 불완전하므로 칸트의 명제가 옳다면 선험세계가 불완전한 수학을 품고 있든가 선험세계 자체가 불완전 하든가 둘 중 하나가 된다. 괴델의 불완전성정리에 의해 증명불가능진리의 존재가 증명됨으로써 수학의 완전성은 무너뜨리게 되었다. [진리 = 증명불가능진리 + 증명가능진리]의 이중성이 증명되었던 것이다. [괴델의 정리 = 완전성 정리 + 불완전성 정리]의 중첩형식이다. 모순처럼 보이지만 아니다. 완전성 정리는 현재까지 알려진 논리법칙 이외 새로운 논리법칙은 없다는 것이다. 현재의 논리만으로 논리학은 완성되었다. 불완전성 정리는 현재의 연산법칙만으로 나타내는 참된 명제 가운데에는 공리로만 증명할 수 없는 것이 있다는 증명이다.

11. 경험세계의 인과법칙은 시간과 공간의 능력인데 그를 따르지 않는 자유는 초월세계의 존재이다. 초월세계에서 존재는 일체형이다. 초월세계의 일체형은 자유만이 아니다. 쇼펜하우어는 경험세계에서 시간과 공간에 의해서 정의되는 분리형의 나와 타인은 원래 초월세계의 일체형이었다는 가설에서 공감을 정의하고 윤리학의 기초를 세웠다. [일체형 = 나 + 나 아님]의 중첩형식이다. 또한 세계가 나의 표상인데 그 세계 속에 나도 포함되므로 [나는 나의 표상]이 된다. 그는 자폐적 자기완결 자기조회의 형식을 인식하지 못하고 그의 윤리학은 그 이상 나아가지 못했다. 자폐적 자기완결 자기조회의 중첩형식이 일으키는 〈정의 1-9〉의 진화는 생각하지 못했다.

12. 칸트는 기량, 수완, 도덕의 인간본성의 삼분법을 [인간의 본성 = 자연적 본성 + 도덕적 본성]의 중첩형식으로 정리하였다. 여기서 그의 유명한 [명령 = 가언명령 + 정언명령]이 나온다. 가언명령은 자연의 인과법칙을 따르는 조건부 명령이고, 정언명령은 인과가 없는 무조건의 명령이다.

정언명령이 의지에 내리는 도덕법칙이다. 그의 『도덕형이상학 원론』의 III권의 시작은 의지의 자율을 설명하는 자유이다. 이것은 몇 가지로 요약할 수 있다. 첫째, 자유는 모든 인과관계에서 자유로운 스스로 시초이며 의지의 원인이다. 둘째, 이렇게 정의된 자유는 소극적이지만 더 풍부하고 다양한 적극적 자유로 진화한다. 셋째, 자유는 경험법칙을 따르지 않지만 이성에 어울리는 법칙이 없는 것은 아니다. 넷째, 어째서 의지의 자유가 오직 자율이 될 수 있을까? 의지는 행위함에 있어 그 스스로가 보편적 법칙이 되는 준칙 그 자체이다. 다섯째, 이것이 정확하게 자유의지와 도덕법칙을 따르는 의지가 하나 되며 동일하게 하는 정언명령이자 도덕원칙이다. 그리고 마지막으로 여섯째, 칸트는 자유와 자기입법 사이의 순환논리를 인식한다.

이 요약에서 첫째가 [자유는 자유의 시초]에 해당한다. 둘째가 변수변환으로 〈정의 1-9〉까지 자유의 진화에 해당한다. 셋째가 자유의 3법칙(자기증식, 자기분할, 자기합성)에 해당한다. 넷째가 자유의 자기집행에 더하여 자기입법, 자기심사에 해당한다. 다섯째가 자기입법에서 보편입법의 원리를 추론하는 숨겨진 손에 해당한다. 여섯째가 〈보조정리 2〉의 비결정성에 해당한다.

13. 〈공리 1〉과 〈공리 2〉에서 파생된 자유의 풍부하고 다양한 모습은 칸트가 생각한 것 이상이다. 이것이 의미론의 의미어로 추론하는 결과보다 공리axiom를 바탕으로 전개하는 구문론의 형식어가 훨씬 내용을 풍부하게 만들며 오류의 발생을 최대한 줄일 수 있다. 그러했기에 칸트는 끝내 보편적 도덕법칙의 결정원리를 일반적으로 밝히지 못한 한계를 보였다. 또한 순환논리의 해법을 제시하지 못했다.

14. 자유의 중첩형식의 중요성은 독단론의 위험성에서 크게 돋보인다. 독단론의 하나인 공산주의는 자본의 근거를 부인한다. 자본의 근거는 우회생산에 있다. 이자는 시간의 가격이고 이윤은 위험의 가격이다. 그러나 공산주의는 이것을 부정한다. 자본가는 노동자의 생산을 근거도 없는 자본의 몫이라는 명목으로 착취한다고 주장한다. 공산주의 경제에는 노동자만이 존재한다. 자본가가 없는 세상에서 [노동자는 노동자의 의사결정자]로 요약할 수 있다. 이것은 자폐적 자기완결 자기조회 형식이다. 〈보조정리 2〉에 의하면 결정되지 않는다. 더욱이 〈보조정리 1〉에 의하면 [노동 = 노동 + 노동 아님]의 중첩형식이 된다. 결국 [노동 = 노동 + 자본]으로 분할된다. 이것이 철지난 전통적인 해석인 [노동 = 노동 + 체화된 노동]이다. 자본의 존재를 인정할 수밖에 없으므로 쌍대표현 [노동 아님 = 노동 아님 + 노동 아님의 아님]이 성립한다. 이것은 [자본 = 자본 + 노동]이다. 곧 [자본 = 물적자본 + 인적자본]이다.

독단론은 그의 무오류를 신봉한다. 무오류이므로 토론이 없고 [무오류 = 무오류 + 오류]의 중첩형식을 받아드릴 수 없게 된다. 공산주의는 하나의 독단적 사고를 요구하는 사상이고 반대를 용납할 수 없다. 마르크스주의에서 사고의 빈곤화는 독단에 기인한다. 토론은 상대방을 죽이는 것이다. 마르크스는 말했다. "[비판은] 해부용 칼이 아니다. 그것은 하나의 무기이다. 비판의 대상은 적이다. 비판은 적을 반박하려는 것이 아니라 전멸시키고자 한다."[89] "비판의 본질적인 정열은 분노이고 비판의 본질적인 일은 고발이다."[90] 스탈린에 의해 숙청당하면서도 부하린이 가장 두려워 한 것은 당에서 축출당하는 것이었다. 당은 그가 아는 세계의 전부였다. 그는 다른 독자적 견해를 갖고 있지 못했고 가질 수도 없었기 때문이었다. 그에게는 다른 도덕적 세계관이 없었다.

15. 이 책은 칸트의 미해결 보편법칙을 실정법체계로 끌어올려 보편입법의 해법을 제시한다. 칸트의 도덕법칙은 특히 루소의 사회계약론으로부터 영향을 크게 받았는데 이제 역으로 실정법체계로 돌아갈 차례이다. II권은 실정법체계에서 순환논리의 원인 규명, III권은 실정법체계에서 보편입법의 결정원리를 제시한다. 그 목적을 위하여 칸트에 비판적인 하이에크의 도움이 요구된다.

16. 이제 처음으로 돌아갈 차례이다. "가정[공리]는 우리가 출발한 곳 우리가 나이 듦에 따라 세상은 점점 낯설어지고 생사의 패턴도 복잡해진다."[91] 그래서 돌아가야 할 우리의 출발점은 잘된 것일까? 잘못된 것일까? 앞으로 계속 이어지는 탐구를 위한 중간 점검이다.

〈공리 1〉의 [자유는 자유의 시초] = Q는 무오류의 문장인가? 총체적 오류 불가능성에 의하면 [Q = 무오류Q + 오류Q]이다. 공통어미를 소거하면 [자유 = 무오류 자유 + 오류 자유]이다. 오류 자유란 자유라고 생각했는데 그렇지 않았음을 깨닫게 되는 자유 곧 자유방임이 여기에 속한다. 자유방임은 자유의 법칙과 입법법칙을 따르지 않는 자유이다. 따라서 모든 논의의 출발점이었던 [자유는 자유의 시초]에서 자유방임을 제외한 무모순의 자유가 자기법칙을 갖는 자유이다.

"우리는 탐험을 멈추어서는 안 된다. 그리고 그 끝은 우리가 맨 처음 출발했던 곳이어야 하고 처음으로 알게 되는 곳이어야 한다."[92] 우리의 탐구는 시작이 끝이고 끝이 시작인 〈그림 1-1〉의 원으로 귀착할 것인가? 아니면 무한순환의 원에서 탈출하여 비결정성의 끝을 볼 수 있을 것인가? 아니면 원의 귀착과 동시에 원의 탈출의 중첩형식이 될 것인가? 곧 [자유의 원 = 자유의 원 + 자유의 원 아님]을 유지할 것인가? II권의 민주의 원리에서 논의는 계속된다.

미주

1 헌법경제학constitutional economics가 처음 등장한 것은 1982년의 학회이다. 그 결과물이 McKenzie, ed., Constitutional Economics, Lexington Books, 1984. Buchanan, "The Domain of Constitutional Economics," in Constitutional Political Economy 1(Winter 1990), pp.1-18. Buchanan, "Constitutional Economics," in The New Palgrave, Macmillan, 1987. 학술지 Constitutional Political Economy의 출판이 시작된 것은 1990년이다.

2 자유의 시원에 대해 가장 오래된 문헌은 성서이다. 기독교에 의하면 아담과 이브가 원죄를 지었을 때 하나님이 내린 징벌이 자원의 희소성scarcity이다. 유대교에 의하면 그 징벌은 미래의 불확실성uncertainty과 그에 대한 무지ignorance이다. 무지에 대한 보상이 자유이다. 그것은 예수가 무지에서 벗어나 진리를 알면 너희가 자유롭게 된다고 말했을 때 진리의 기원이 자유임을 가르치는 것을 보면 알 수 있다. 예수가 가르치는 자유는 천부의 자유이다. Perlman, The Character of Economic Thought, Economic Characters, and Economic Institutions, University of Michigan Press, 1996, p.135.

3 영어표현은 Freedom begins where freedom begins. 자기대입을 통하여 Freedom begins where where … ∞이 된다. 이 영어 문장은 Freedom begins all by itself without any source from nowhere의 축약이다.

4 "자유를 하나의 상태를 자기로부터 시작할 수 있는 능력으로 이해한다." Kant,

Critique of Pure Reason, 1781, in Wood, Basic Work of Kant, Basic Books, 2001, p.98.

5 요한계시록 22-13.

6 Wells, The Time Machine, in Yourgrau, A World Without Time, Basic Books, 2005, p.119.

7 Bohr, "Complementarity: Bedrock of the Quantal Description," Kalckar, ed., Foundations of Quantum Physics II (1933-1958). Niels Bohr Collected Works, 7. Elsevier, pp. 284-285.

8 "자유의 인과성은 자연법칙에 따라 시간적으로 규정되는 다른 원인에 또다시 종속되지 않는다." Kant, Critique of Pure Reason, 1781, in Wood, Basic Work of Kant, Basic Books, 2001, p.112.

9 이것이 칸트가 말하는 자유로(부터)의 인과성 Kaufsalitat aus Freiheit이다. Kant, Critique of Pure Reason, 1781, in Wood, Basic Work of Kant, Basic Books, 2001, p.112.

10 "항상 제약되어 있는 현상의 존재가 우리에게 요구하는 것은 모든 현상들과 구별되는 어떤 것[무제약]을 … 돌아보라는 것이다." Kant, Critique of Pure Reason, 1781, in Wood, Basic Work of Kant, Basic Books, 2001, p.594.

11 [자유는 자유의 시초]를 H=H(S) 대신 소유격 기호 아포스트로피를 사용하여 H = H'S로 표기하여도 본질의 변함이 없다. H의 정의를 연속 대입하면 H = H'S'S' … ∞가 된다.

12 I am what I am. 대입하면 I am what what … ∞이 된다.

13 "자유는 하나의 순수한 선험적 이념이다." Kant, Critique of Pure Reason, 1781, in Wood, Basic Work of Kant, Basic Books, 2001. p.112.

14 Edmonds, Wittgenstein's Porker, Harper Collins, 2001. 골드바흐의 추측 "2보다 큰 모든 짝수는 두 소수의 합으로 표현된다."은 현재까지 반증이 없지만 정식으로 증명되지 않은 상태이다.

15 Gödel in Encyclopedia of Philosophy: Goldstein, Incompleteness, Norton &Company, 2005, p.26.

16 Henderson, The Evolution of Physics: The Growth of Ideas from Early

Concepts to Relativity and Quanta, Cambridge University Press, 2002: Unwin, The Probability of God, Three Rivers Press, 2003, pp.197-8.

17 Senechal and Cronin, "Social Influences on Quantum Mechanics?" The Mathematical Intelligencer, 2001, 23, pp.15-17.

18 Newton, Principia, 1687. Russell, Human Knowledge, Routledge, 2009(1948), p.234에서 재인용.

19 Alexander Pope, Epitaph for Newton.

20 Hardy, Mathematician's Apology, Cambridge University Press, 1941, p.63.

21 김용운, 김용국, 세계수학문화사, 전파과학사, 1979, p.265.

22 자유방임은 "지나가는 대로 내버려 두라. 하는 대로 내버려 두라. laissez passer, laissez faire."라는 뜻이다. 이 말을 처음 사용한 이는 중농학파의 구르네 Gournay이다. 중농학파의 physiocrate는 그리스어의 physis와 cratein에서 유래되는데 "자연의 지배"를 뜻한다. 이 말은 느무르 P.de Nemours가 1767년에 쓴 『중농주의 또는 인류에 가장 유용한 통치의 본질적 헌법』이라는 책에 소개되었다. 김병규 역, Salleron, Liberalisme et Socialisime, 1977, p.37에서 재인용.

23 괴델Gödel의 불완전성정리이다.

24 안드로니코스가 아리스토텔레스의 저술을 정리 편찬할 때 자연에 관한 저술을 먼저 정리하고 그 뒤meta에 초자연적인 것에 대한 저술을 정리하였다. 후자의 저술이 자연철학의 저술 뒤에 정리되었기 때문에 meta ta physik라고 불렀다. 이후 형이상학을 자연을 초월한 학문으로 불렀다.

25 Perlman, The Character of Economic Thought, Economic Characters, and Economic Institutions, University of Michigan Press, 1996, pp.175-76.

26 Von Adam und Tannery, Oeuvres de Descates, Bd.VI, 1965, p.1. Hinske, Kant als Herausforderung an die Gegenwart, 이엽, 김수배 옮김, 현대에 도전하는 칸트, 2004, p.50에서 재인용.

27 Fischer, Liberty and Freedom, Oxford, 2005, p.4.

28 Consciousness is a state of being aware of [anything] what passes in one's mind. 양지=이성, 양심=감성.

29 A person is left to do what he is able to do without interference of others.(Berlin 1969, 2002). 나의 1인왕국에는 나를 홀로 남기는 사람도 없으므로 I am able to do what I am able to do라고 표현할 수 있다. I do what I do. I do the way I do도 마찬가지이다. 모두 자폐적 자기완결 자기조회 문장이다.

30 "나는 두 사람으로 분할된다. …첫째는 심판자이고 둘째는 심판받는 대상이다." Smith, The Theory of Moral Sentiments, 1759. "나는 그 자체로 내가 아니다. … 자신의 안 자신에 대비되는 밖의 사회적 자신이다." Merrell, Peirce, Signs and Meanings, University of Toronto Press, 1997, p.61,

31 Buchanan, The Limits of Liberty, The University of Chicago Press, 1975, pp. 118-121. Buchanan, Freedom in Constitutional Contract, Texas A&M University Press, 1977, p.21. Hall, Rousseau: An Introduction to His Political Philosophy, Macmillan, 1973, p.95.

32 Dyzenhaus, "The Gorgon Head of Power: Heller and Kelsen on the Rule of Law," in Caldwell and Scheuerman, ed. From Liberal Democracy to Fascism, Humanities Press, 2000, p.29n.

33 McCormick, "Feudalism, Fascism, and Fordism: Weimar Theories of Legacy of Representation and Their Legacy in the Bonn Republic," in Caldwell and Scheuerman, ed. From Liberal Democracy to Fascism, Humanities Press, 2000, pp.47-73.

34 "Government is a sacred trust of the people. … This is a universal principle of mankind upon which the Constitution is founded." 일본헌법의 영어 전문.

35 Hayek, Law, Legislation, and Liberty: vol.1, Rules and Order, Routledge and Kegan Paul, 1973.

36 Buchanan, Freedom in Constitutional Contract: Perspectives of a Political Economist, Texas A&M University Press, 1977.

37 Hobbes, Leviathan,. Liberal Arts Press, 1958[1651], p.228.

38 The right of nature …is the liberty each man has to use his own power, as he will himself, for the preservation of his own nature. Hobbes,

Leviathan, p.109: Kant, Rechtslehre, 1797, p.35. "하나의 자유의 사용이 보편법칙에 의거한 자유를 방해하는 경우(즉 법적으로 올바르지 않을 경우), 그와 같은 방해에게 가해지는 강제는 **자유의 방해의 방해**로서 보편법칙에 의거하여 모든 자유와 병존한다. 그것은 법적으로 옳다. 법은 강제권한과 결합되어 있다." Ludwig, Immanuel Kant Anfanger-Der kategprische Imperativ, 1997, 이충진 역, 정언명령, 이학사, 1999, pp.151-2. "자유의 모종의 사용자신이 보편적 법칙들에 따라 자유의 방해(다시 말해, 부당한/불법적인 것)이면, 이에 대립되는 강제는 **자유의 방해**의 **저지**로서 보편적인 법칙들에 따라 자유와 화합하는 것, 다시 말해 **정당한/법적**인 것이다. 그러니까 이 법/권리에는 모순율에 의해 그 법/권리를 손상하는 자를 강제하는 권한이 동시에 연결되어 있다." 백종현 옮김, 윤리형이상학, 아카넷, 2012, p.153.

39 Burlamaqui, Principles of Right, 1747, in Williams, ed. The Enlightenment, Cambridge University Press, 1999, P.86에서 재인용.

40 "자유의 방해의 방해로 … 그것은 법적으로 올바르다. 법은 강제권한과 결합되어 있다." Kant, Rechtslehre, p.35.

41 Rousseau, The Social Contract, 1762, in Williams, ed. The Enlightenment, Cambridge University Press, 1999, p.123에서 재인용.

42 Coase, "The Problem of Social Cost," Journal of Law and Economics, 1960, pp.1-44.

43 "권리의 평등과 이로부터 생기는 정의. the equality of right and the notion of justice which it produces." Rousseau, The Social Contract, II-4.

44 "Justice of actions is by writers divided into commutative and distributive; and the former they say consists in proportion arithmetical, the latter in proportion geometrical." Hobbes, Leviathan, p.124.

45 Posner, Economics of Justice, Harvard University Press, 1971,

46 Mill, Utilitarianism, in Schneewind,, The Basic Writings of John Stuart Mill, Modern Library, 2002(1863).

47 Rawls, A Theory of Justice, Harvard University Press, 1971.

48 백종현 옮김, 칸트, 윤리형이상학, 아카넷, 2012, p.284.

49 Arrow, "A Difficulty in the Concept of Social Welfare," Journal of Political Economy, 1950, pp.328-46.

50 Kant, Fundamental Principles of Metaphysics of Morals, 1785, in Wood, Basic Writings of Kant, Basic Books, 2001, p.148.

51 Sen, Collective Choice and Social Welfare, Holden-Day, 1970, p.83.

52 Kelsen, Introduction to the Problems of Legal Theory, Paulson and Paulson, trans., Clarendon Press, 1992[1934].

53 Dyzenhaus, "The Gordon Head of Power: Heller and Kelsen on the Rule of Law," in Caldwell and Scheuerman, ed., From Liberal Democracy to Fascism: Legal and Political Thought in the Weimar Republic, Humanities Press, 2000, p.29n.

54 Rousseau, The Social Contract, The Great Books of the Western World, vol.38, 1952, I,5.

55 Mill, Considerations on Representative Government, Prometheus, 1991(1861), Ch.1.

56 Fromm, Escape from Freedom, Farr and Rinehart, 1941.

57 Rowley, Liberty and the State, Edward Elgar, 1993, p.85.

58 Robertson, History of Charles V, Sect. I, p.vii. Smith, "Translator's Introduction," in Kant, Perpetual Peace A Philosophical Sketch, London, 1903[1795], p.6.에서 재인용.

59 Kant, Nisbet(trans.) "Perpetual Peace A Philosophical Sketch," in Williams, ed. *The Enlightenment*, Cambridge University Press, 1999(1795).

60 Malloy, Law and Market Economy, Cambridge University Press, 2000, p.130.

61 Becker, "A Theory of the Allocation of Time," *Economic Journal*, (Sep. 1965), pp. 493-517.

62 Buchanan, "The Limits of Governmental Monetary Authority," in Manne and Miller, Gold, Money and Law, Aldine, 1975, p.41.

63 McLuhan, Understanding Media, 1964, pp.131-144: Korzybski, Science and Sanity, 1948, pp.76-77, p.519, p.549.

64 Kant, Nisbet(trans.) "Perpetual Peace A Philosophical Sketch," in Williams, ed. *The Enlightenment*, Cambridge University Press, 1999(1795).

65 Bloch and von Warburg, Dictionnaire etymologique de la langue francaise 1968. 김병규, 역, Salleron, Liberalisme et Socialisme, 1977, p,13에서 재인용.

66 Hobbes, Leviathan, Liberal Arts Press, 1958[1651], p.109.

67 Rowley, Liberty and the State, Edward Elgar, 1993, p.81.

68 Hayek, Constitution of Liberty, University of Chicago Press, 1978, Chapter 14.

69 Carter, The Ideal and the Actual in the Laws, Report of the Thirteenth American Meeting of the American Bar Association, 1890, p.235. Hayek, The Constitution of Liberty, University of Chicago Press, 1960, p.452에서 재인용.

70 Hobbes, Leviathan, Liberal Arts Press, 1958[1651], p.109.

71 Blackstone, Commentaries on the Laws of England, I, 1765, p.269. Hayek, The Constitution of Liberty, University of Chicago Press, 1960, p.468에서 재인용.

72 Rousseau, The Social Contract, The Great Books of the Western World, vol.38, 1952(1751), I,8.

73 Fischer, Liberty and Freedom, Oxford, 2005, p.9.

74 이하 Fischer, Liberty and Freedom, Oxford, 2005, p.9에 크게 의존하였다.

75 소극적 적극적 자유의 구분의 출처는 Kant와 Hegel이다. Green이 퍼뜨렸다. Green, "Liberal Legislation and Freedom of Contract," in Nettleship, ed, The Works of T.H.Green, Thoemmes Continuum, 1997(1888).

76 Berlin, Four Essays on Liberty, Oxford University Press, 1967.

77 이것은 Liberty Fund, Inc.의 표지가 되었다.

78 일본이 1811년에 펴낸『안게리아겐고와게 諳厄利亞言語和解』에 liberty를 自由라고 번역하였다. 신상목,『학교에서 가르쳐주지 않는 일본사』, 뿌리와이파리, 2017, 165쪽.

79 장현근,「엄복(1853-1921)의 자유주의 이해」,『정치사상연구』, 2000년봄, 119-142쪽.

80 Kant, Concerning the Common Saying, 1793, in Wood, Basic Work of Kant, Basic Books, 2001, p.420.

81 Von Adam und Tannery, Oeuvres de Descates, Bd.VI, 1965, p.1. Hinske, Kant als Herausforderung an die Gegenwart, 이엽, 김수배 옮김, 현대에 도전하는 칸트, 2004, p.65에서 재인용.

82 Blumberg, The Blumberg Logic, 1780s, in, Kant, Lectures on Logic, Cambridge University Press, 2004,

83 Kant, Critique of Pure Reason, 1781, in Wood, Basic Work of Kant, Basic Books, 2001.

84 Hinske, Kant als Herausforderung an die Gegenwart, 이엽, 김수배 옮김, 현대에 도전하는 칸트, 2004, pp.57-78에서 의존하였다. 다만 이 책의 〈정의 1-9〉로 재해석하였다.

85 Aristoteles, Metaphysics, II-1, p.30. 이엽, 김수배 옮김, 현대에 도전하는 칸트, 2004, p.58에서 재인용.

86 Lambert, Neues Organon, in Hinske, Kant als Herausforderung an die Gegenwart, 이엽, 김수배 옮김, 현대에 도전하는 칸트, 2004, p.60에서 재인용.

87 Meier, Vernunfilehre, 1752, p.140, in Hinske, Kant als Herausforderung an die Gegenwart, 이엽, 김수배 옮김, 현대에 도전하는 칸트, 2004, p.63에서 재인용.

88 Hinske, Kant als Herausforderung an die Gegenwart, 이엽, 김수배 옮김, 현대에 도전하는 칸트, 2004, p.64.

89 Marx, Zur Kritik der Hegelschen Rechtsphilosophie, in Karl Marx/Friedrich Engels Werke, 1964, pp.380f. Hinske, Kant als Herausforderung an die Gegenwart, 이엽, 김수배 옮김, 현대에 도전하는 칸트, 2004, p.71에서 재인용.

90 Marx, Zur Kritik der Hegelschen Rechtsphilosophie, in Karl Marx/Friedrich Engels Werke, 1964, pp.380f. Hinske, Kant als Herausforderung an die Gegenwart, 이엽, 김수배 옮김, 현대에 도전하는 칸트, 2004, p.71에서 재인용.

91 Eliot, Four Quartets, Harcourt, 1943(1941)

92 Eliot, Four Quartets, Harcourt, 1943(1941)

참고문헌

김용운, 김용국, 『세계수학문화사』, 전파과학사, 1979.

백종현 옮김, 『윤리형이상학』, 아카넷, 2012.

신상목, 『학교에서 가르쳐주지 않는 일본사』, 뿌리와이파리, 2017.

이엽, 김수배 옮김, 『현대에 도전하는 칸트』, 2004.

이충진 역, 『정언명령』, 이학사, 1999.

장현근, 「엄복(1853-1921)의 자유주의 이해」, 『정치사상연구』, 2000년 봄, 119-142쪽.

Arrow, "A Difficulty in the Concept of Social Welfare," Journal of Political Economy, 1950, pp.328-46.

Becker, "A Theory of the Allocation of Time," *Economic Journal*, (Sep. 1965), pp. 493-517.

Berlin, Four Essays on Liberty, Oxford University Press, 1967.

Black, "On the Rationale of Group Decision Making," Journal Political Economy, 1948, pp.23-34.

Blackstone, Commentaries on the Laws of England, Oxford University

Press, 2016(1765).

Bohr, "Complementarity: Bedrock of the Quantal Description," Kalckar, ed., Foundations of Quantum Physics II (1933-1958). Niels Bohr Collected Works, 7. Elsevier.

Buchanan, The Limits of Liberty, The University of Chicago Press, 1975.

Buchanan, "The Limits of Governmental Monetary Authority," in Manne and Miller, Gold, Money and Law, Aldine, 1975.

Buchanan, Freedom in Constitutional Contract, Texas A&M University Press, 1977.

Buchanan, "Constitutional Economics," in The New Palgrave, Macmillan, 1987.

Buchanan, "The Domain of Constitutional Economics," in Constitutional Political Economy 1(Winter 1990), pp.1-18.

Buchanan and Tullock, The Calculus of Consent: Logical Foundations of Constitutional Democracy, University of Michigan Press, 1962.

Burlamaqui, Principles of Right, 1747. in Williams, ed. The Enlightenment, Cambridge University Press, 1999.

Carter, The Ideal and the Actual in the Laws, Report of the Thirteenth American Meetıng of the American Bar Association, reprint of MOML, 2010(1890).

Coase, "The Problem of Social Cost," Journal of Law and Economics, 1960, pp.1-44.

Dyzenhaus, "The Gorgon Head of Power: Heller and Kelsen on the Rule of Law," in Caldwell and Scheuerman, ed. From Liberal Democracy to Fascism, Humanities Press, 2000.

Eliot, Four Quartets, Harcourt, 1943[1941].

Edmonds, Wittgenstein's Porker, Harper Collins, 2001.

Fischer, Liberty and Freedom, Oxford, 2005,

Fromm, Escape from Freedom, Farr and Rinehart, 1941.

Green, "Liberal Legislation and Freedom of Contract," in Nettleship, ed, The Works of T.H.Green, Thoemmes Continuum, 1997(1888).

Hall, Rousseau: An Introduction to His Political Philosophy, Macmillan, 1973, p.95.

Hardy, Mathematician's Apology, Cambridge University Press, 1941.

Hayek, Law, Legislation, and Liberty: vol.1, Rules and Order, Routledge and Kegan Paul, 1973.

Hayek, Constitution of Liberty, University of Chicago Press, 1978.

Henderson, The Evolution of Physics: The Growth of Ideas from Early Concepts to Relativity and Quanta, Cambridge University Press, 2002.

Hobbes, Leviathan, Liberal Arts Press, 1958(1651)

Kant, Critique of Pure Reason, 1781, in Wood, Basic Writings of Kant, Basic Books, 2001.

Kant, Fundamental Principles of Metaphysics of Morals, 1785, in Wood, Basic Writings of Kant, Basic Books, 2001.

Kant, Sketch of Perpetual Peace, 1795, in Williams, ed. The Enlightenment, Cambridge University Press, 1999.

Kant, Concerning the Common Saying, 1793, in Wood, Basic Work of Kant, Basic Books, 2001.

Kant, Lectures on Logic, Cambridge University Press, 2004.

Kelsen, Introduction to the Problems of Legal Theory, Paulson and Paulson, trans., Clarendon Press, 1992[1934].

Korzybski, Science and Sanity, Institute of General Semantics, 1995.

Ludwig, Immanuel Kant Anfanger-Der kategprische Imperativ, 1997, 이충진 역, 정언명령, 이학사, 1999. 백종현 옮김, 윤리형이상학, 아카넷, 2012.

Malloy, Law and Market Economy, Cambridge University Press, 2000,

McLuhan, Understanding Media, MIT Press, 1994.

McCormick, "Feudalism, Fascism, and Fordism: Weimar Theories of Legacy of Representation and Their Legacy in the Bonn Republic," in Caldwell and Scheuerman, ed. From Liberal Democracy to Fascism, Humanities Press, 2000, pp.47-73.

McKenzie, ed., Constitutional Economics, Lexington Books, 1984.

Merrell, Peirce, Signs and Meanings, University of Toronto Press, 1997.

Mill, Utilitarianism, in Schneewind, The Basic Writings of John Stuart Mill, Modern Library, 2002(1863).

Mill, Considerations on Representative Government, Prometheus, 1991 (1861).

Perlman, The Character of Economic Thought, Economic Characters, and Economic Institutions, University of Michigan Press, 1996.

Posner, Economics of Justice, Harvard University Press, 1971.

Rawls, A Theory of Justice, Harvard University Press, 1971.

Rousseau, The Social Contract, 1762, Williams, ed. The Enlightenment, Cambridge University Press, 1999,

Rousseau, The Social Contract, The Great Books of the Western World, vol.38, 1952.

Rowley, Liberty and the State, Edward Elgar, 1993.

Russell, Human Knowledge, Routledge, 2009(1948).

Sen, Collective Choice and Social Welfare, Holden-Day, 1970.

Sen, "The Impossibility of a Paretian Liberal," Journal of Political Economy, Jan/Feb., 1970, pp.152-7.

Senechal and Lipschutz-Yevick, "Social Influences on Quantum Mechanics?" The Mathematical Intelligencer, 2001, 23, pp.15-17.

Smith, The Theory of Moral Sentiments, Gutenburg Publishers, 2011 (1759).

Smith, "Translator's Introduction," in Kant, Perpetual Peace A Philosophical Sketch, Cosimo Classics, 2010[1903, 1795].

Unwin, The Probability of God, Three Rivers Press, 2003.

Wells, The Time Machine, in Yourgrau, A World Without Time, Basic Books, 2005.

김학은(金學㶣)

서울대학교 농과대학 졸업

미국 University of Pittsburgh 대학원 경제학과 졸업, Ph.D.

미국 Case Western Reserve University 경제학과 조교수

연세대학교 상경대학 경제학부 교수

현재 연세대학교 상경대학 경제학부 명예교수

저서

A Study on Inflation and Unemployment, New York and London: Garland, 1984

화폐와 경제, 법문사, 1984

화폐와 이자, 법문사, 1984

화폐와 시간, 법문사, 1991

돈의 역사, 학민사, 1994

폰지게임과 베짓처방, 전통과 현대, 1998

새 거시경제학(공저), 세경사, 2005

자유주의 경제학 입문(공저), 율곡출판사, 2007

정합경제이론, 박영사, 2006

화폐와 금융-불확실성의 경제학, 박영사, 2007

루이스 헨리 세브란스, 연세대학교 출판부, 2008

이승만과 마사리크, 연세대학교 이승만 연구원 학술총서 6, 북앤피플, 2013

이승만의 정치경제사상 1899-1948, 연세대학교 대학출판문화원, 2014

이상의 시 괴델의 수, 보고사, 2014

한국의 근대경제학 1915-1956, 연세대학교 상경대학 백년사 I권, 연세대학교 대학출판문화원, 2015

이승만과 데벌레라, 연세대학교 대학출판문화원, 2017